CORALIE FERREIRA

Pâtisserie

PHOTOS : VIRGINIE GARNIER

LES GRANDS CLASSIQUES
MANGO

PRÉFACE

À l'heure du petit-déjeuner, du goûter ou après un bon repas, rien n'a plus de douceur qu'une bouchée de gâteau. Piquée par l'amour du sucré depuis que je suis toute petite, j'ai toujours eu un faible pour les vitrines des pâtissiers. Aujourd'hui auteur et styliste, je passe des heures en cuisine, m'inspirant de leurs techniques et de leurs associations de saveurs pour créer mes propres recettes. J'ai réuni dans ce livre plus de 100 recettes irrésistibles, du plus petit biscuit croquant au gros gâteau d'anniversaire.

La pâtisserie maison ne doit pas être une épreuve de force : il suffit de quelques ingrédients de base de bonne qualité, de deux ou trois ustensiles bien beurrés, d'un zeste de patience et de beaucoup d'amour. Si elle demande parfois des gestes techniques, du temps et un peude concentration, elle n'en demeure pas moins créative.

N'hésitez pas à suivre votre propre inspiration en vous appropriant les recettes de base : passez d'une saveur à l'autre, parfumez vos pâtes et appareils d'une pincée d'épices ou de zestes de citron, associez les textures... l'important est de respecter les proportions initiales pour éviter les mauvaises surprises.

Si ce livre fait la part belle aux douceurs françaises avec des recettes de tartes et gâteaux à partager en famille, des desserts individuels et des biscuits pour tous les petits plaisirs, il n'oublie pas ces recettes portées d'ailleurs par de gentils vents marins et devenues incontournables, comme le cheesecake, le carrot cake et autres amaretti... Alors, tout simplement, parce que faire et déguster des gâteaux est à la fois doux et réconfortant, réservez un peu de votre temps et craquez pour la pâtisserie maison !

CORALIE

SOMMAIRE

Les Bases

Gros gâteaux

Pâtisseries individuelles

Tartes

Biscuits et petits gâteaux

ANNEXES

Les Bases

PÂTE SABLÉE
PÂTE SUCRÉE

PÂTE FEUILLETÉE
PÂTE SUCRÉE PARFUMÉE

PÂTE SABLÉE

PRÉPARATION : 10 MINUTES
REPOS : 30 MINUTES

Pour 500 g de pâte

- 250 g de farine
- 1 œuf
- 125 g de beurre
- 125 g de sucre semoule
- 1 pincée de sel

Sortez le beurre du réfrigérateur 15 minutes avant de commencer la préparation.

Versez la farine dans un saladier. Ajoutez le beurre coupé en dés et sablez la pâte en travaillant les ingrédients entre la paume de vos mains. Faites un puits au milieu de la farine et ajoutez le sucre, le sel et l'œuf. Mélangez sans travailler la pâte trop longuement.

Formez une boule, aplatissez-la un peu pour obtenir un disque puis enveloppez-le de film alimentaire. Placez-le 30 minutes au réfrigérateur.

Étalez la pâte sur le plan de travail fariné et donnez quelques coups de fourchette. Déposez-la dans votre moule en la faisant bien adhérer sur les bords.

Pour cuire votre pâte à blanc (10 minutes) ou garnie, préférez la chaleur tournante à 175 °C (th. 5-6).

PÂTE SUCRÉE

PRÉPARATION : 10 MINUTES
REPOS : 35 MINUTES

Pour 400 g de pâte

- 200 g de farine
- 15 g de poudre d'amandes
- 1 petit œuf (40 g)
- 100 g de beurre à température
- 50 g de sucre glace
- 1 pincée de sel

Dans la cuve d'un robot muni de la feuille (accessoire pour mélanger), déposez le beurre coupé en morceaux et le sucre glace. Faites tourner à vitesse lente jusqu'à ce que le mélange soit crémeux. Ajoutez ensuite la farine et le sel tamisés puis faites tourner à vitesse plus rapide pour bien mélanger. Tout en laissant tourner le robot, ajoutez l'œuf et la poudre d'amandes.

Sortez la pâte de la cuve et travaillez-la légèrement. Formez une boule, aplatissez-la un peu pour obtenir un disque puis enveloppez-le de film alimentaire. Réservez 30 minutes au réfrigérateur.

Étalez la pâte sur le plan de travail fariné. Placez-la dans votre moule en la faisant bien adhérer sur les bords. Placez 5 minutes au réfrigérateur avant utilisation.

Si vous enfournez la pâte à blanc, faites-la cuire 10 minutes à 180 °C (th. 6).

Parfumez la pâte en remplaçant 10 g de farine par la même quantité de cacao amer, ou en remplaçant la poudre d'amandes par de la poudre de noisettes ou de la noix de coco rapée.

PÂTE FEUILLETÉE

PRÉPARATION : 50 MINUTES
REPOS : 1 NUIT
RÉFRIGÉRATION : 3 HEURES

Pour 600 g de pâte

- 300 g de farine
- 15 cl d'eau à température
- 150 g de beurre de bonne qualité
- 100 g de beurre fondu
- 5 g de sel

La veille, déposez la farine sur le plan de travail, ajoutez le sel et l'eau puis malaxez quelques minutes du bout des doigts. Ajoutez le beurre fondu et pétrissez jusqu'à l'obtention d'une boule. Filmez et placez toute la nuit au réfrigérateur.

Le jour même, sortez le beurre et la boule de pâte du réfrigérateur et laissez revenir 30 minutes à température : le beurre doit être malléable.

Sur le plan de travail fariné, étalez la pâte en un carré assez grand puis, à côté, étalez le beurre en un carré plus petit. Déposez le beurre au centre du carré de pâte puis repliez les coins de la pâte au centre du beurre pour bien l'enfermer.

Abaissez la pâte au rouleau dans la longueur (elle doit former un rectangle trois fois plus long que large) et pliez-la en trois. Faites pivoter l'abaisse d'un quart de tour dans le sens inverse des aiguilles d'une montre et étalez-la à nouveau en rectangle. Repliez celui-ci en trois, enveloppez-le de film alimentaire et placez-le 1 heure au réfrigérateur (veillez à ne pas tourner votre pâte entre deux étapes).

Disposez la pâte sur le plan de travail fariné, étalez-la à nouveau en un long rectangle et pliez en trois. Faites tourner la pâte d'un quart de tour dans le sens inverse des aiguilles d'une montre et étalez-la pour former un rectangle. Repliez encore en trois, enveloppez de film alimentaire et placez 1 heure au réfrigérateur.

Abaissez enfin la pâte sur le plan de travail et répétez une dernière fois l'opération des tours. Laissez encore reposer la pâte 1 heure au réfrigérateur.

Étalez la pâte finement sur le plan de travail puis déposez-la dans un moule ou sur une plaque à pâtisserie recouverte de papier sulfurisé.

Pour cuire votre pâte, enfournez-la dans un four préchauffé à 200 °C (th. 7) puis baissez aussitôt la température à 180 °C (th. 6).

PÂTE À CHOUX

PRÉPARATION : 20 MINUTES
REPOS : 20 MINUTES
CUISSON : 20 MINUTES

Pour une vingtaine de choux

- 140 g de farine
- 4 œufs (200 g)
- 15 cl de lait
- 10 cl d'eau
- 110 g de beurre
- 2 cuillerées à soupe de sucre semoule
- 1 pincée de sel

Préchauffez le four à 250 °C (th. 8-9), en chaleur tournante.

Dans une casserole, versez le lait et l'eau. Ajoutez le beurre coupé en petits morceaux, le sel et le sucre. Portez à ébullition et mélangez.

Hors du feu, ajoutez la farine d'un seul coup et mélangez pour bien l'incorporer. Replacez la casserole sur feu doux et asséchez la pâte en remuant sans cesse pendant 5 minutes : elle doit se détacher des parois.

Transvasez cette pâte dans un saladier et remuez-la pendant quelques minutes jusqu'à ce qu'elle refroidisse. Incorporez ensuite les œufs un à un en mélangeant bien entre chaque ajout.

Remplissez de pâte une poche munie d'une douille unie de 8 mm. Formez des choux d'environ 3 cm de diamètre sur une plaque recouverte de papier sulfurisé.

Éteignez le four, enfournez les choux et laissez ainsi reposer 20 minutes. Rallumez le four à 180 °C (th. 6) et faites cuire 20 minutes en ouvrant le four sur la fin de cuisson pour laisser l'humidité s'échapper : les choux doivent être dorés et bien fermes.

Si vous souhaitez agrémenter vos choux de craquelin, reportez-vous à la recette page 190.

PÂTE À SAVARIN

PRÉPARATION : 20 MINUTES
REPOS : 1 HEURE

Pour 500 g de pâte

- 200 g de farine
- 6 g de levure de boulanger déshydratée
- 2 œufs
- 6 cl de lait tiède
- 90 g de beurre en pommade
- 45 g de sucre semoule
- 3 g de sel

Dans une tasse, délayez la levure avec le lait tiède. Dans une autre tasse, faites dissoudre le sel avec 1 cuillerée à soupe d'eau tiède.

Dans la cuve d'un robot muni du crochet à pétrin, versez le sucre et le sel dissous. Ajoutez la levure délayée et mélangez à vitesse lente.

Versez la farine dans la cuve et commencez à pétrir en augmentant la vitesse du robot. Ajoutez les œufs un à un et pétrissez la pâte pendant 5 minutes. Incorporez enfin le beurre en morceaux et continuez de fouetter jusqu'à ce que la pâte ne colle plus : elle doit être souple et élastique.

Remplissez un moule à baba aux trois quarts et laissez pousser la pâte à température ambiante pendant 1 heure.

PÂTE À BEIGNETS

PRÉPARATION : 20 MINUTES
REPOS : 1 H 45

Pour une trentaine de beignets

- 350 g de farine
- 8 g de levure fraîche de boulanger
- 1 œuf
- 40 g de beurre en pommade
- 40 g de sucre semoule
- 7 cl de lait
- 7 cl d'eau
- 1 pincée de sel
- 1 litre d'huile pour la friture
- Sucre semoule ou glace pour saupoudrer

Émiettez la levure de boulanger dans une tasse et délayez-la avec un peu de lait.

Dans un saladier, mélangez la farine, le sucre semoule, et le sel. Versez le reste de lait et l'eau petit à petit en fouettant. Ajoutez l'œuf et mélangez. Incorporez ensuite le beurre et la levure délayée. Pétrissez la pâte pour qu'elle soit bien lisse et homogène. Laissez-la reposer 2 heures sous un torchon humide.

Sur le plan de travail fariné, abaissez la pâte sur 1,5 cm d'épaisseur puis découpez des disques de 2 cm de diamètre. Laissez-les reposer 30 minutes sous le torchon avant de les faire frire dans un bain d'huile à 180 °C.

PÂTE À GAUFRES

PRÉPARATION : 15 MINUTES
CUISSON : 10 MINUTES
REPOS : 2 HEURES

Pour 6 personnes

- 275 g de farine
- ½ sachet de levure chimique
- 2 œufs entiers + 4 blancs
- 40 cl de lait entier
- 1 gousse de vanille
- 1 cuillerée à café d'extrait de vanille
- 150 g de beurre fondu
- 30 g de sucre de canne blond
- 1 pincée de sel

Versez le lait dans une casserole. Fendez la gousse de vanille dans la longueur et grattez les graines au-dessus du lait à l'aide de la lame d'un couteau. Ajoutez la gousse et portez à ébullition.

Dans un saladier, tamisez la farine avec la levure, le sel et le sucre de canne.

Dans un autre saladier, battez les œufs entiers. Versez par-dessus le lait vanillé tiédi puis ajoutez l'extrait de vanille. Versez petit à petit le mélange à base de farine en fouettant puis ajoutez le beurre fondu.

Montez les blancs d'œufs en neige puis incorporez-les délicatement à la préparation en plusieurs fois. Laissez reposer la pâte 2 heures au réfrigérateur.

Retirez la gousse de vanille de la pâte puis faites cuire vos gaufres dans un gaufrier bien chaud.

PÂTE À CAKE

PRÉPARATION : 15 MINUTES
CUISSON : 1 H 10

Pour 1 cake

- 300 g de farine
- ½ sachet de levure chimique
- 4 œufs
- 200 g de beurre en pommade
- 150 g de sucre de canne
- Beurre et farine pour le moule

Préchauffez le four à 250 °C (th. 8-9).

Dans un saladier, battez le beurre et le sucre pendant 2 minutes afin que le mélange soit bien crémeux. Ajoutez les œufs un à un en mélangeant bien à chaque fois. Versez la farine et la levure et mélangez à nouveau.

Déposez la pâte dans un moule beurré et fariné. Enfournez, baissez le four à 180 °C (th. 6) et faites cuire pendant 1 h 10.

Vous pouvez parfumer la pâte à cake avec des zestes de citron, de l'extrait de vanille, des pépites de chocolat, des fruits confits marinés dans du rhum, des fruits secs…

MERINGUE ITALIENNE
MERINGUE FRANÇAISE

MERINGUE ITALIENNE

PRÉPARATION : 10 MINUTES
CUISSON : 5 MINUTES

Pour 1 tarte (6 personnes)

- 100 g de blancs d'œufs à température
- 35 g de sucre semoule

Pour le sirop

- 4 cl d'eau
- 160 g de sucre semoule

Préparez le sirop : versez le sucre et l'eau dans une casserole. Portez doucement à ébullition puis faites cuire jusqu'à ce que la température de ce sirop atteigne 121 °C.

Pendant ce temps, montez les blancs d'œufs en neige à vitesse moyenne en ajoutant le sucre petit à petit.

Une fois le sirop à bonne température, versez-le aussitôt sur les blancs en neige et fouettez pendant 1 minute à vitesse réduite afin que les blancs continuent ainsi de cuire ; augmentez à vitesse maximale et fouettez jusqu'à complet refroidissement de la meringue : elle doit être lisse, ferme et très brillante.

Cette meringue, utilisée pour garnir tartes et gâteaux, peut être dorée sous le gril du four ou au chalumeau.

MERINGUE FRANÇAISE

PRÉPARATION : 10 MINUTES
CUISSON : 2 HEURES

Pour une trentaine de petites meringues

- 2 blancs d'œufs à température
- 100 g de sucre semoule
- 25 g de sucre glace

Montez les blancs d'œufs en neige à vitesse moyenne ; lorsqu'ils se raffermissent, versez le sucre semoule petit à petit et fouettez encore quelques minutes pour que la meringue soit bien ferme. Incorporez délicatement le sucre glace tamisé à l'aide d'une maryse.

Remplissez de meringue une poche à douille puis déposez des petits tas espacés sur une plaque à pâtisserie recouverte de papier sulfurisé. Enfournez et faites cuire à 90 °C (th. 3) pendant 2 heures.

Vous pouvez colorer la meringue en ajoutant 1 ou 2 gouttes de colorant alimentaire lorsque vous montez les blancs en neige.

PÂTE D'AMANDES

PRÉPARATION : 10 MINUTES
SANS CUISSON

Pour 280 g de pâte d'amandes

- 125 g de poudre d'amandes
- 1 blanc d'œuf
- 12 gouttes d'extrait d'amande amère
- Colorant alimentaire (facultatif)
- 125 g de sucre glace

Mixez finement la poudre d'amandes.

Ajoutez le sucre glace, l'extrait d'amande amère et le blanc d'œuf (préalablement mélangé à 1 ou 2 gouttes de colorant).

Mixez le tout jusqu'à l'obtention d'une boule de pâte.

GÉNOISE

PRÉPARATION : 10 MINUTES
CUISSON : 15 MINUTES

Pour 1 génoise (6 personnes)

- 125 g de farine
- 3 œufs
- 50 g de beurre fondu
- 125 g de sucre semoule

Préchauffez le four à 190 °C (th. 6-7).

Dans un saladier, fouettez les œufs et le sucre pendant environ 5 minutes afin que le mélange blanchisse, soit bien mousseux et volumineux.

Ajoutez le beurre fondu refroidi et mélangez. Incorporez ensuite la farine avec une maryse.

Déposez la pâte sur une plaque à pâtisserie recouverte de papier sulfurisé. Enfournez et faites cuire 15 minutes.

Vous pouvez remplacer une partie de la farine par de la poudre d'amandes, de noisettes ou d'autres fruits secs.

DACQUOISE

PRÉPARATION : 15 MINUTES
CUISSON : 25 MINUTES

Pour 1 gâteau (6 à 8 personnes)

- 100 g de poudre de noisettes
- 40 g de noisettes concassées
- 4 blancs d'œufs
- 30 g de sucre semoule
- 100 g de sucre glace tamisé + 2 cuillerées à soupe pour saupoudrer

Préchauffez le four à 180 °C (th. 6).

Montez les blancs d'œufs en neige à vitesse moyenne. Lorsqu'ils commencent à se raffermir, ajoutez le sucre semoule et continuez de fouetter jusqu'à ce qu'ils soient bien fermes.

Incorporez délicatement la poudre de noisettes et le sucre glace à l'aide d'une maryse de façon à obtenir une préparation bien lisse et homogène.

Déposez cette pâte sur une plaque à pâtisserie recouverte de papier sulfurisé, selon la forme désirée. Parsemez de noisettes concassées et saupoudrez de sucre glace.

Enfournez et faites cuire 25 minutes. Laissez refroidir sur une grille.

BISCUITS À LA CUILLÈRE

PRÉPARATION : 15 MINUTES
CUISSON : 12 MINUTES

Pour une trentaine de biscuits

- 100 g de farine
- 4 œufs
- 100 g de sucre semoule
- Sucre glace

Préchauffez le four à 190 °C (th. 6-7).

Séparez les blancs d'œufs des jaunes. Montez les blancs en neige en augmentant progressivement la vitesse du batteur. Lorsqu'ils sont presque fermes, ajoutez 20 g de sucre et continuez de fouetter pour les serrer.

Dans un saladier, battez le reste de sucre avec les jaunes d'œufs jusqu'à ce que le mélange blanchisse et forme des rubans.

Versez les jaunes d'œufs battus sur les blancs en neige et mélangez rapidement. Incorporez enfin la farine tamisée en soulevant délicatement la préparation avec une maryse.

Remplissez une poche à douille avec la préparation puis couchez la pâte sur une plaque à pâtisserie recouverte de papier sulfurisé, de la manière dont vous souhaitez : en bâtonnets de 8 cm pour une charlotte, en cercle de la même taille que votre moule pour la base.

Saupoudrez la pâte de sucre glace. Enfournez et faites cuire pendant 10 à 12 minutes. Laissez refroidir.

CRÈME PÂTISSIÈRE

PRÉPARATION : 10 MINUTES
CUISSON : 10 MINUTES

Pour environ 70 cl de crème

- 15 g de farine
- 15 g de fécule de maïs
- 6 jaunes d'œufs
- 50 cl de lait entier
- 1 gousse de vanille
- 70 g de sucre semoule

Fendez la gousse de vanille dans la longueur et prélevez les graines à l'aide de la lame d'un couteau. Réservez-les sur une assiette.

Dans une casserole, portez le lait à ébullition avec la gousse de vanille.

Dans un saladier, fouettez les jaunes d'œufs et le sucre avec les graines de vanille jusqu'à ce que le mélange blanchisse. Ajoutez la farine et la fécule, fouettez et versez dessus un peu de lait chaud pour délayer la préparation. Ajoutez ensuite le reste de lait en mélangeant bien.

Réservez le tout dans la casserole et faites cuire sur feu doux sans cesser de remuer jusqu'à épaississement de la crème.

Transvasez dans un saladier, ôtez la gousse de vanille et filmez au contact de la crème. Laissez refroidir, puis réservez au réfrigérateur.

CRÈME CHIBOUST

PRÉPARATION : 25 MINUTES
CUISSON : 15 MINUTES

Pour environ 1l de crème

- 70 cl de crème pâtissière (voir recette ci-dessus)
- 4 feuilles de gélatine

Pour la meringue italienne

- 3 blancs d'œufs
- 4 cl d'eau
- 100 g de sucre semoule

Faites tremper les feuilles de gélatine 10 minutes dans un bol d'eau froide.

Réalisez la crème pâtissière comme expliqué ci-dessus. Avant de transvaser dans le saladier, hors du feu, ajoutez la gélatine essorée et mélangez pour la dissoudre. Ôtez la gousse de vanille. Filmez au contact de la crème et réservez.

Réalisez la meringue : montez les blancs d'œufs en neige ferme. Dans une casserole, faites chauffer le sucre et l'eau sur feu doux afin d'obtenir un sirop. Lorsque la température atteint 121 °C, versez aussitôt ce sirop sur les blancs en neige en fouettant doucement pendant quelques minutes.

Incorporez délicatement la meringue italienne à la crème pâtissière. Réservez au réfrigérateur.

CRÈME ANGLAISE

PRÉPARATION : 5 MINUTES
CUISSON : 10 MINUTES

Pour 70 cl de crème

- 6 jaunes d'œufs
- 50 cl de lait entier
- 1 gousse de vanille
- 80 g de sucre semoule

Versez le lait dans une casserole. Fendez la gousse de vanille dans la longueur, prélevez les graines à l'aide de la lame d'un couteau et déposez-les avec la gousse dans la casserole de lait. Portez doucement à ébullition. Laissez tiédir.

Dans un saladier, fouettez les jaunes d'œufs et le sucre jusqu'à ce que le mélange blanchisse. Versez le lait vanillé petit à petit en continuant de fouetter.

Reversez le tout dans la casserole et faites cuire à feu doux sans cesser de remuer avec une cuillère en bois jusqu'à ce que la crème nappe la cuillère.

Filtrez la crème et laissez refroidir avant de la placer au réfrigérateur.

CRÈME AU BEURRE LÉGÈRE

PRÉPARATION : 10 MINUTES
CUISSON : 5 MINUTES

Pour environ 300 g de crème

- 1 gousse de vanille
- 145 g de beurre en pommade

Pour la meringue italienne
- 70 g de blancs d'œufs
- 3 cl d'eau
- 110 g de sucre semoule

Fouettez le beurre pour qu'il obtienne une texture de crème. Réservez à température ambiante.

Réalisez la meringue : montez les blancs d'œufs en neige ferme. Dans une casserole, faites chauffer le sucre et l'eau sur feu doux afin d'obtenir un sirop. Lorsque la température atteint 121 °C, versez aussitôt ce sirop sur les blancs en neige en fouettant doucement pendant quelques minutes.

Fendez la gousse de vanille dans la longueur et prélevez les graines à l'aide de la lame d'un couteau. Ajoutez le beurre et les graines de vanille à la meringue et fouettez pour bien mélanger. Réservez au réfrigérateur.

Cette crème est idéale pour garnir les bûches de Noël ou glacer les gâteaux à étages. Vous pouvez la parfumer au chocolat, au praliné, au café ou avec des zestes d'agrumes.

CRÈME D'AMANDES

PRÉPARATION : 5 MINUTES
SANS CUISSON

Pour 1 tarte

- 80 g de poudre d'amandes
- 2 petits œufs (80 g)
- 80 g de beurre en pommade
- 80 g de sucre semoule

Dans un saladier, fouettez le beurre et le sucre jusqu'à ce que le mélange blanchisse et devienne bien crémeux.

Ajoutez la poudre d'amandes puis les œufs un à un en mélangeant bien entre chaque ajout.

CHANTILLY

PRÉPARATION : 10 MINUTES
SANS CUISSON

Pour environ 60 cl de chantilly

- 50 cl de crème liquide entière très froide
- 1 gousse de vanille
- 80 g de sucre glace

Placez les fouets du batteur et un saladier au congélateur pendant 15 minutes avant de commencer la recette.

Fendez la gousse de vanille dans la longueur, prélevez les graines à l'aide de la lame d'un couteau et mélangez-les au sucre glace.

Versez la crème liquide très froide dans le saladier réfrigéré et fouettez en augmentant progressivement la vitesse du batteur. Lorsque la crème commence à monter, ajoutez le sucre glace vanillé en pluie et continuez de fouetter jusqu'à ce que la crème soit bien ferme.

COULIS

AU CARAMEL

PRÉPARATION : 5 MINUTES
CUISSON : 10 MINUTES

- ½ gousse de vanille
- 30 cl de crème fleurette
- 30 g de beurre demi-sel
- 200 g de sucre semoule

Versez le sucre dans une casserole à fond épais et faites chauffer à feu moyen sans remuer.

Pendant ce temps, dans une autre casserole, portez la crème fleurette à ébullition avec la demi-gousse de vanille fendue en deux et ses graines (prélevées avec la lame d'un couteau).

Lorsque le sucre se transforme en caramel d'une belle couleur dorée, retirez la casserole du feu et versez aussitôt par-dessus la crème vanillée en mélangeant bien pour dissoudre tout le caramel.

Remettez sur feu doux et fouettez pour obtenir un caramel homogène. Ajoutez le beurre en morceaux et faites cuire 2 à 3 minutes. Retirez la gousse de vanille au moment de servir.

AUX FRUITS ROUGES

PRÉPARATION : 5 MINUTES
SANS CUISSON

- 300 g de fruits rouges frais mélangés
- 1 cuillerée à café de jus de citron
- 50 g de sucre glace

Rincez les fruits rapidement puis mixez-les avec le sucre glace, le jus de citron et 1 cuillerée à soupe d'eau.

Filtrez en pressant bien le mélange. Réservez ce coulis au réfrigérateur jusqu'à utilisation.

AU CHOCOLAT

PRÉPARATION : 5 MINUTES
CUISSON : 2 MINUTES
REPOS : 5 MINUTES

- 100 g de chocolat au lait
- 100 g de chocolat noir à pâtisser
- 1 cuillerée à café de cacao en poudre amer
- 20 cl de lait entier
- 20 cl de crème fleurette

Dans un saladier, concassez les chocolats puis ajoutez le cacao.

Mélangez la crème fleurette et le lait dans une casserole et portez à ébullition. Versez aussitôt sur le chocolat, couvrez et laissez fondre sans y toucher pendant 5 minutes.

Mélangez ensuite le coulis au fouet afin que la texture soit bien lisse.

Vous pouvez servir ce coulis aussi bien tiède que froid.

BAVAROISE À LA CRÈME

PRÉPARATION : 20 MINUTES
CUISSON : 10 MINUTES
REPOS : 3 HEURES

Pour 50 cl de bavaroise

Pour la crème anglaise
- 2 jaunes d'œufs
- ½ gousse de vanille
- 20 cl de lait entier
- 30 g de sucre semoule

Pour la crème fouettée
- 25 cl de crème fleurette froide
- 2 feuilles de gélatine

Préparez la crème anglaise comme expliqué page 30. Placez-la 3 heures au réfrigérateur.

Faites tremper les feuilles de gélatine 10 minutes dans un bol d'eau froide.

Fouettez la crème jusqu'à ce qu'elle soit bien ferme.

Faites chauffer un peu de crème anglaise dans une casserole. Hors du feu, ajoutez la gélatine essorée et mélangez pour la dissoudre. Incorporez le reste de crème anglaise, puis la crème fouettée.

Cette crème est idéale pour préparer des entremets. Parfumez-la au chocolat, au praliné…

BAVAROISE AUX FRUITS

PRÉPARATION : 15 MINUTES
CUISSON : 5 MINUTES
REPOS : 1 HEURE

Pour 60 cl de bavaroise

- 250 g de fruits frais, épluchés si besoin (fraises, abricots…)
- Le jus de ½ citron
- 25 cl de crème fleurette froide
- 2 feuilles de gélatine
- 100 g de sucre semoule

Préparez une purée de fruits : rincez les fruits et coupez-les en morceaux. Dans une casserole, portez-les à ébullition avec le sucre et le jus de citron puis éteignez le feu.

Mixez finement les fruits pour obtenir une purée puis filtrez. Laissez refroidir.

Faites tremper les feuilles de gélatine 10 minutes dans un bol d'eau froide.

Fouettez la crème jusqu'à ce qu'elle soit bien ferme.

Faites chauffer un peu de purée dans une casserole. Hors du feu, ajoutez la gélatine essorée et mélangez pour la dissoudre totalement. Incorporez le reste de purée de fruits puis la crème fouettée.

GLACE ROYALE

PRÉPARATION : 5 MINUTES
SANS CUISSON

Pour 1 gâteau

- 1 blanc d'œuf
- Quelques gouttes de jus de citron
- Colorant alimentaire (facultatif)
- 150 g de sucre glace

Tamisez le blanc d'œuf puis mélangez-le dans un grand bol au jus de citron. Ajoutez progressivement le sucre glace en fouettant : vous devez obtenir une texture assez dense.

Si vous souhaitez colorer cette glace royale, ajoutez à ce moment-là 1 ou 2 gouttes du colorant alimentaire de votre choix en mélangeant bien.

Si besoin, pour des décors particuliers, vous pouvez densifier la glace en ajoutant un peu de sucre glace.

GLAÇAGE MIROIR AU CHOCOLAT

PRÉPARATION : 10 MINUTES
CUISSON : 5 MINUTES

Pour 1 gâteau

- 60 g de chocolat noir à pâtisser de bonne qualité
- 40 g de cacao en poudre amer
- 10 cl de lait entier
- 15 cl de crème fleurette
- 8 g de gélatine
- 120 g de sucre semoule

Faites tremper les feuilles de gélatine 10 minutes dans un bol d'eau froide.

Dans une casserole, mélangez le lait avec la crème fleurette, le sucre et le cacao. Portez à ébullition et fouettez le tout. Incorporez ensuite la gélatine essorée et mélangez jusqu'à ce qu'elle soit totalement dissoute.

Concassez le chocolat dans un saladier. Versez la préparation dessus et laissez reposer quelques minutes sans remuer pour que le chocolat fonde.

Mixez puis filtrez avant de recouvrir votre gâteau de glaçage sans attendre.

GANACHE AU CHOCOLAT

PRÉPARATION : 5 MINUTES
CUISSON : 2 MINUTES
REPOS : 5 MINUTES
RÉFRIGÉRATION : 3 HEURES

Pour 350 g de ganache

- 200 g de chocolat à pâtisser noir ou au lait
- 15 cl de crème fleurette
- 30 g de beurre

Dans un saladier, concassez le chocolat puis ajoutez le beurre.

Dans une casserole, portez doucement la crème fleurette à ébullition. Versez-la aussitôt sur le chocolat, couvrez et laissez reposer 5 minutes sans remuer.

Mélangez alors la préparation pour obtenir une ganache homogène. Laissez refroidir puis placez 3 heures au réfrigérateur.

Avec cette ganache, garnissez vos gâteaux et cupcakes. Vous pouvez aussi réaliser de délicieuses truffes en la laissant reposer toute une nuit au réfrigérateur.

Gros

gâteaux

QUATRE-QUARTS

PRÉPARATION : 10 MINUTES
CUISSON : 40 À 45 MINUTES

Pour 6 à 8 personnes

- 200 g de farine
- ½ sachet de levure chimique
- 4 œufs (soit 200 g environ)
- 200 g de beurre en pommade
- 200 g de sucre semoule
- 1 pincée de sel
- Beurre et farine pour le moule

Préchauffez le four à 200 °C (th. 6-7).

Dans un saladier, fouettez les œufs et le sucre jusqu'à ce que le mélange blanchisse. Ajoutez le beurre en fouettant. Versez enfin la farine, le sel et la levure en une seule fois et mélangez le tout rapidement jusqu'à l'obtention d'une pâte homogène.

Versez la pâte dans un moule beurré et fariné. Enfournez et faites cuire 40 à 45 minutes. Laissez tiédir avant de démouler.

GÂTEAU AU YAOURT

PRÉPARATION : 10 MINUTES
CUISSON : 45 MINUTES

Pour 6 à 8 personnes

- 1 pot de yaourt nature au lait entier
- 3 pots de farine
- ½ sachet de levure chimique
- 3 œufs
- ½ pot d'huile de tournesol ou de beurre fondu
- 2 pots de sucre de canne
- 1 pincée de sel
- Beurre et farine pour le moule

Préchauffez le four à 170 °C (th. 5-6).

Séparez les blancs d'œufs des jaunes. Montez les blancs en neige.

Versez le yaourt dans un saladier. Rincez le pot et séchez-le bien (il va vous servir pour mesurer les quantités d'ingrédients). Ajoutez le sucre de canne et les jaunes d'œufs puis mélangez.

Incorporez ensuite la farine, la levure et le sel puis ajoutez l'huile (ou le beurre fondu). Mélangez pour obtenir une pâte bien homogène. Incorporez délicatement les blancs en neige.

Versez la pâte dans un moule à manqué beurré et fariné. Enfournez et faites cuire 45 minutes. Vérifiez la cuisson en enfonçant la pointe d'un couteau : elle doit ressortir sèche. Laissez tiédir avant de démouler.

Pour une version chocolatée, remplacez ½ pot de farine par la même quantité de cacao avec, pourquoi pas, des pépites de chocolat intégrées à la pâte.

Pour varier les parfums, ajoutez une pointe d'extrait de vanille, des zestes d'agrumes ou des épices.

Profitez également des fruits de saison en ajoutant quelques morceaux dans la pâte.

Pour un anniversaire, coupez le gâteau en deux dans l'épaisseur, garnissez-le de ganache ou de confiture et décorez le dessus avec de la ganache au chocolat (voir recette p. 38), de la crème au beurre (voir recette p. 32) ou une glace royale (voir recette p. 37).

GÂTEAU AU CHOCOLAT FONDANT

PRÉPARATION : 10 MINUTES
CUISSON : 15 À 20 MINUTES

Pour 6 à 8 personnes

- 200 g de chocolat noir à pâtisser
- 50 g de farine
- 3 œufs
- 150 g de beurre en pommade
- 150 g de sucre semoule
- Beurre et farine pour le moule

Préchauffez le four à 180 °C (th. 6).

Faites fondre le chocolat concassé au bain-marie ou au micro-ondes.

Dans un saladier, fouettez le beurre avec le sucre afin d'obtenir un mélange crémeux. Ajoutez les œufs un à un en mélangeant bien à chaque fois puis incorporez la farine. Versez le chocolat fondu et mélangez afin que la pâte soit bien homogène.

Versez la préparation dans un moule à manqué beurré et fariné. Enfournez et faites cuire 15 à 20 minutes selon votre goût (très fondant à fondant). Laissez refroidir avant de démouler.

FONDANT AUX MARRONS

PRÉPARATION : 10 MINUTES
CUISSON : 20 MINUTES

Pour 8 personnes

- 300 g de crème de marrons
- 40 g de poudre d'amandes
- 100 g de farine
- 2 œufs
- 100 g de beurre en pommade
- 50 g de sucre semoule
- Beurre et farine pour le moule

Préchauffez le four à 150 °C (th. 5).

Séparez les blancs d'œufs des jaunes. Dans un saladier, fouettez le beurre avec la crème de marrons et les jaunes d'œufs. Ajoutez la farine et la poudre d'amandes. Mélangez bien le tout.

Montez les blancs en neige ferme en ajoutant petit à petit le sucre. Incorporez-les délicatement à la pâte.

Versez la préparation dans un moule à manqué beurré et fariné. Enfournez et faites cuire 20 minutes. Laissez tiédir le gâteau avant de démouler.

GÂTEAU À ÉTAGES AU CHOCOLAT

PRÉPARATION : 30 MINUTES
CUISSON : 30 MINUTES

Pour 12 personnes

Pour le gâteau
- 400 g de chocolat noir à pâtisser
- 50 g de poudre d'amandes
- 150 g de farine
- 1 ½ sachet de levure chimique
- 8 œufs
- 250 g de beurre en pommade
- 300 g de sucre semoule
- 1 pincée de sel
- Beurre et farine pour les moules

Pour les ganaches
- 100 g de chocolat blanc
- 150 g de chocolat au lait
- 200 g de chocolat noir
- 250 g de crème fleurette
- 150 g de beurre en pommade

Pour le glaçage
- 250 g de chocolat noir
- 15 cl de crème liquide

Préchauffez le four à 160 °C (th. 5-6).

Faites fondre le chocolat concassé au bain-marie ou au micro-ondes.

Séparez les blancs d'œufs des jaunes. Dans un saladier, fouettez le beurre avec 250 g de sucre et la poudre d'amandes afin d'obtenir une texture crémeuse. Ajoutez les jaunes d'œufs un à un en mélangeant bien à chaque fois. Versez le chocolat fondu puis la farine, le sel et la levure. Lissez bien la pâte.

Montez les blancs en neige avec le sucre restant et incorporez-les délicatement à la pâte.

Répartissez la préparation dans 3 moules à manqué de diamètres différents (24 cm, 20 cm et 16 cm), beurrés et farinés. Enfournez et faites cuire les deux plus petits gâteaux 25 minutes, le grand 30 minutes.

Pendant ce temps, préparez les 3 garnitures : répartissez les chocolats en morceaux dans 3 bols. Faites chauffer la crème puis versez-en la moitié sur le chocolat noir, les deux tiers du reste sur le chocolat au lait puis la fin sur le chocolat blanc. Couvrez et laissez reposer 5 minutes. Mélangez ensuite pour bien lisser les préparations et laissez refroidir. Réservez au réfrigérateur jusqu'à ce que les ganaches soient fermes. Fouettez alors 70 g de beurre en pommade avec la ganache au chocolat noir, 50 g avec la ganache au chocolat au lait et le reste avec celle au chocolat blanc.

Démoulez les gâteaux et laissez-les refroidir sur une grille.

Coupez chaque gâteau en deux dans l'épaisseur. Garnissez le socle de chaque gâteau avec une ganache différente puis recouvrez avec la seconde partie du gâteau. Collez les gâteaux les uns sur les autres avec un peu de ganache. Réservez au réfrigérateur 30 minutes.

Préparez le glaçage : dans une casserole, portez la crème à ébullition. Ajoutez le chocolat en morceaux. Mélangez, laissez refroidir 5 minutes puis fouettez.

Nappez le gâteau de glaçage.

CHEESECAKE NEW-YORKAIS AUX FRUITS ROUGES

PRÉPARATION : 20 MINUTES
CUISSON : 1 H 10
REPOS : 12 HEURES

Pour 6 à 8 personnes

- 200 g de biscuits (sablés bretons, spéculoos, petits-beurre)
- 60 g de beurre en pommade

Pour la crème au fromage frais

- 500 g de cream cheese type Philadelphia®
- 5 œufs
- 1 gousse de vanille
- 20 cl de crème fraîche épaisse
- 180 g de sucre semoule

Pour la garniture

- 500 g de fruits rouges frais (framboises, myrtilles, groseilles, fraises)
- Le jus de ½ citron
- 30 g de sucre semoule

La veille, préchauffez le four à 180 °C (th. 6).

Concassez finement les biscuits (ou mixez-les). Déposez-les dans un saladier et malaxez du bout des doigts avec le beurre.

Tapissez le fond d'un moule amovible de papier sulfurisé puis étalez la pâte de biscuit en tassant bien. Enfournez et faites cuire 10 minutes. Laissez refroidir.

Pendant ce temps, préparez la crème : fendez la gousse de vanille dans la longueur et prélevez les graines à l'aide de la lame d'un couteau. Dans un saladier, fouettez les œufs avec le sucre et les graines de vanille.

Dans un autre saladier, travaillez rapidement le cream cheese pour l'assouplir puis ajoutez la crème fraîche. Incorporez ce mélange aux œufs en fouettant.

Versez la préparation sur la base de biscuit. Enfournez à nouveau le gâteau et faites cuire 1 heure (la consistance doit rester souple). Laissez refroidir puis placez au réfrigérateur.

Le jour même, rincez rapidement les fruits rouges. Mixez 200 g de fruits avec le jus de citron, le sucre et 5 cl d'eau. Filtrez et réservez ce coulis au réfrigérateur.

Juste avant de servir, démoulez le gâteau, nappez-le de coulis et décorez-le avec le reste de fruits rouges.

CARROT CAKE

PRÉPARATION : 30 MINUTES
CUISSON : 1 HEURE

Pour 8 à 10 personnes

- 280 g de carottes
- 1 orange non traitée
- 110 g de cerneaux de noix concassés
- 100 g de poudre d'amandes
- 200 g de farine
- 1 cuillerée à café de bicarbonate de soude
- 5 œufs
- ½ cuillerée à café de vanille en poudre
- ½ fève tonka râpée
- Quelques pincées de cardamome moulue
- Quelques pincées de noix de muscade râpée
- Quelques pincées de cannelle en poudre
- 280 g de beurre en pommade
- 300 g de sucre roux
- Beurre et farine pour le moule

Pour le glaçage

- 300 g de cream cheese type Philadelphia®
- 1 citron vert non traité
- 60 g de sucre glace

Préchauffez le four à 180 °C (th. 6).

Séparez les blancs d'œufs des jaunes. Rincez l'orange, râpez le zeste et recueillez le jus. Épluchez et râpez finement les carottes.

Dans un saladier, fouettez le beurre et le sucre pendant 1 minute afin d'obtenir un mélange très crémeux. Ajoutez les jaunes d'œufs un à un en mélangeant bien à chaque fois. Incorporez ensuite le zeste et le jus d'orange, le bicarbonate et toutes les épices. Ajoutez enfin les carottes, la farine, la vanille, la poudre d'amandes et les noix concassées.

Montez les blancs en neige et incorporez-les délicatement à la pâte.

Versez la préparation dans un moule à manqué beurré et fariné. Enfournez et faites cuire 1 heure. Laissez le gâteau reposer quelques minutes puis démoulez-le sur une grille et laissez-le refroidir complètement.

Réalisez le glaçage : rincez le citron vert, râpez le zeste et recueillez le jus. Dans un saladier, travaillez rapidement le cream cheese pour l'assouplir. Ajoutez le sucre glace, le zeste et le jus de citron vert. Fouettez de manière à obtenir une belle texture souple qui se tienne.

Nappez le carrot cake de glaçage avec le dos d'une cuillère. Servez aussitôt.

BROWNIE

PRÉPARATION : 15 MINUTES
CUISSON : 20 MINUTES

Pour 8 personnes

- 120 g de chocolat noir à pâtisser
- 50 g de noisettes ou noix de pécan
- 90 g de farine
- 2 œufs
- 90 g de beurre
- 150 g de sucre blond de canne
- Beurre et farine pour le moule

Préchauffez le four à 180 °C (th. 6).

Dans un saladier placé au bain-marie, faites fondre le beurre en morceaux avec le chocolat concassé. Hors du feu, ajoutez les œufs puis le sucre et la farine en mélangeant bien entre chaque ajout. Incorporez enfin les noisettes.

Versez la préparation dans un moule carré, beurré et fariné. Enfournez et faites cuire 15 à 20 minutes. Laissez refroidir le brownie avant de démouler.

GÂTEAU RENVERSÉ PÉCAN-CRANBERRIES

PRÉPARATION : 15 MINUTES
CUISSON : 40 MINUTES

Pour 8 à 10 personnes

- 195 g de farine
- ½ sachet de levure chimique
- ¼ de cuillerée à café de bicarbonate de soude
- 1 cuillerée à café d'extrait de vanille
- 2 œufs
- 12 cl de lait entier
- 160 g de beurre en pommade
- 200 g de sucre semoule
- ½ cuillerée à café de fleur de sel

Pour la garniture

- 70 g de noix de pécan concassées
- 230 g de cranberries fraîches
- 70 g de beurre
- 140 g de sucre semoule

Préchauffez le four à 180 °C (th. 6).

Préparez la garniture : dans une casserole, faites fondre le beurre avec le sucre à feu doux. Hors du feu, ajoutez les cranberries et mélangez. Versez la préparation dans un moule à manqué puis ajoutez les noix de pécan concassées. Réservez.

Séparez les blancs d'œufs des jaunes.

Dans un saladier, tamisez ensemble la farine, le sel, la levure et le bicarbonate de soude.

Dans un autre saladier, fouettez le beurre et le sucre puis ajoutez les jaunes d'œufs et l'extrait de vanille. Versez en alternant le mélange de farine et le lait en remuant bien à chaque fois.

Montez les blancs en neige puis incorporez-les délicatement à la pâte.

Déposez la préparation dans le moule sur la garniture. Enfournez et faites cuire 40 minutes. Laissez le gâteau tiédir avant de le démouler sur un plat comme une tatin.

CHARLOTTE AUX FRAMBOISES

PRÉPARATION : 40 MINUTES
CUISSON : 10 MINUTES
REPOS : 12 HEURES

Pour 6 personnes

- 20 biscuits à la cuillère
- 200 g de framboises fraîches
- 1 gousse de vanille
- 4 jaunes d'œufs
- 2 feuilles de gélatine
- 35 cl de lait entier
- 25 cl de crème fleurette froide
- 75 g de sucre semoule
+ 1 cuillerée à soupe
- Sucre glace

Pour le sirop de framboise
- 150 g de framboises fraîches
- 10 cl d'eau
- 25 g de sucre semoule

La veille, faites tremper la gélatine 10 minutes dans un bol d'eau froide.

Pendant ce temps, fendez la gousse de vanille dans la longueur et prélevez les graines. Dans une casserole, portez le lait à ébullition. Dans un saladier, fouettez vivement les jaunes d'œufs avec le sucre et les graines de vanille. Versez le lait chaud par-dessus en fouettant rapidement. Reversez le tout dans la casserole et faites cuire à feu doux sans cesser de remuer jusqu'à ce que la crème nappe la cuillère.

Hors du feu, incorporez la gélatine essorée et mélangez afin de la dissoudre totalement. Laissez tiédir.

Mixez 350 g de framboises avec la crème à la vanille puis filtrez. Versez dans un plat, filmez au contact de la crème et laissez refroidir.

Réalisez le sirop : dans une casserole, faites cuire les framboises avec le sucre et l'eau jusqu'à ébullition. Mixez la préparation et laissez refroidir.

Fouettez la crème fleurette en chantilly bien ferme puis incorporez-la délicatement à la crème à la framboise.

Trempez les biscuits dans le sirop de framboise et disposez-les au fur et à mesure sur le pourtour d'un moule à charlotte. Versez dans le moule la moitié de la crème à la framboise, déposez dessus 50 g de framboises puis remplissez le moule de crème jusqu'à hauteur des biscuits. Recouvrez le gâteau avec le reste des biscuits trempés dans le sirop. Placez au réfrigérateur toute la nuit.

Le jour même, au moment de servir, retournez la charlotte sur un plat, saupoudrez de sucre glace et décorez le dessus avec les framboises restantes roulées dans du sucre semoule.

BISCUIT ROULÉ À LA CONFITURE

PRÉPARATION : 15 MINUTES
CUISSON : 15 MINUTES

Pour 8 à 10 personnes

- 1 pot de confiture au choix
- 90 g de farine
- 35 g de poudre d'amandes
- 3 œufs
- 50 g de beurre
- 125 g de sucre semoule
- Sucre glace

Préchauffez le four à 190 °C (6-7).

Faites fondre le beurre au bain-marie ou au micro-ondes. Laissez refroidir.

Dans un saladier, fouettez les œufs et le sucre pendant 5 minutes pour que le mélange blanchisse et devienne très mousseux. Ajoutez le beurre fondu et mélangez. Incorporez ensuite la farine et la poudre d'amandes avec une maryse.

Sur une plaque de cuisson recouverte de papier sulfurisé déposez la pâte sur 1,5 cm d'épaisseur. Enfournez et faites cuire 15 minutes.

À la sortie du four, retournez la génoise sur un torchon humide chaud. Étalez rapidement la confiture sur la génoise et roulez-la sur elle-même. Enroulez dans le torchon et placez au réfrigérateur.

Juste avant de servir, enlevez le torchon, coupez chaque extrémité du gâteau et saupoudrez de sucre glace.

CLAFOUTIS AUX CERISES

PRÉPARATION : 30 MINUTES
CUISSON : 45 MINUTES

Pour 6 personnes

- 700 g de cerises noires
- 45 g de farine
- 45 g de fécule de maïs
- 4 œufs
- 35 cl de lait
- 15 cl de crème liquide entière
- 1 noisette de beurre
- 130 g de sucre semoule
- 2 sachets de sucre vanillé
- 1 pincée de sel
- Beurre pour le moule

Préchauffez le four à 200 °C (th. 6-7).

Rincez les cerises et équeutez-les (le dénoyautage est facultatif).

Dans un saladier, mélangez la farine, la fécule de maïs, le sucre semoule et le sel. Ajoutez les œufs un à un en mélangeant bien à chaque fois. Versez peu à peu le lait et la crème liquide. Lissez la pâte pour qu'elle soit bien homogène.

Déposez les cerises dans un plat à gratin (ou un moule à manqué) beurré. Versez la pâte par-dessus puis saupoudrez de sucre vanillé. Enfournez et faites cuire 45 minutes. Dégustez le clafoutis tiède ou froid.

FONDANT ORANGE-AMANDES

PRÉPARATION : 15 MINUTES
CUISSON : 25 MINUTES

Pour 8 personnes

- 2 oranges non traitées
- 30 g de farine
- 150 g de poudre d'amandes
- 50 g de purée d'amandes
- ½ cuillerée à café d'arôme d'amande
- 2 œufs
- 150 g de beurre en pommade
- 150 g de sucre blond
- Sucre glace
- Beurre et farine pour le moule

Préchauffez le four à 180 °C (th. 6).

Rincez les oranges, prélevez les zestes et recueillez le jus.

Dans un saladier, fouettez le beurre et le sucre pendant 2 minutes afin que la texture soit bien crémeuse. Ajoutez l'arôme amande, les zestes et jus d'orange. Fouettez à nouveau. Incorporez les œufs un à un puis la poudre d'amandes, la purée d'amandes et la farine en mélangeant bien entre chaque ajout.

Déposez la pâte dans un moule à manqué beurré et fariné. Enfournez et faites cuire 25 minutes. Saupoudrez de sucre glace à la sortie du four.

CAKE AU CITRON

PRÉPARATION : 25 MINUTES
CUISSON : 1 H 10

Pour 8 personnes

- 3 citrons non traités
- 300 g de farine
- ½ sachet de levure chimique
- 4 œufs
- 200 g de beurre en pommade
- 150 g de sucre de canne
- Beurre et farine pour le moule

Pour le glaçage et le sirop

- 3 cuillerées à soupe de jus de citron vert
- 15 cl d'eau
- 65 g de sucre semoule
- 3 cuillerées à soupe de sucre glace

Préchauffez le four à 250 °C (th. 8-9).

Rincez les citrons, prélevez les zestes et hachez-les finement. Pressez 2 citrons (réservez le citron restant pour le glaçage).

Dans un saladier, fouettez le beurre avec le sucre et les zestes de citron pendant 2 minutes afin d'obtenir une texture crémeuse. Ajoutez les œufs un à un en mélangeant bien à chaque fois. Incorporez la farine, la levure et le jus de citron. Mélangez bien la pâte.

Versez la pâte dans un moule à cake beurré et fariné. Enfournez, baissez le four à 180 °C (th. 6) et faites cuire pendant 1 h 10. Au bout de 10 minutes, tracez une ligne au centre du cake avec la pointe d'un couteau et continuez la cuisson.

Pendant ce temps, préparez le glaçage : recueillez le jus du citron réservé. Dans un bol, mélangez vivement 1 cuillerée à soupe de jus de citron au sucre glace pour obtenir une consistance crémeuse (ni trop épaisse ni trop liquide). Réservez.

Préparez le sirop d'imbibage : dans une casserole, portez à ébullition l'eau et le sucre semoule jusqu'à l'obtention d'un sirop nappant. Ajoutez le reste de jus de citron et mélangez.

Lorsque le cake est cuit, démoulez-le encore chaud sur une grille et badigeonnez-le aussitôt généreusement de sirop. Nappez le dessus de glaçage et laissez refroidir avant de déguster.

CAKE DE L'ÉCUREUIL

PRÉPARATION : 25 MINUTES
CUISSON : 1 H 10
REPOS : 5 MINUTES

Pour 8 personnes

Pour le cake
- 150 g de fruits secs mélangés (noix, pistaches, noisettes, amandes, noix de pécan)
- 250 g de farine
- ½ sachet de levure chimique
- 50 g de poudre de noisettes
- 1 cuillerée à café d'extrait de vanille
- 4 œufs
- 200 g de beurre en pommade
- 150 g de sucre de canne
- Beurre et farine pour le moule

Pour le sirop
- 1 gousse de vanille
- 15 cl d'eau
- 65 g de sucre semoule

Pour le glaçage
- 100 g de chocolat à pâtisser noir ou au lait
- 30 g de fruits secs concassés

Préchauffez le four à 250 °C (th. 8-9).

Dans un saladier, fouettez le beurre et le sucre de canne pendant 2 minutes afin d'obtenir une texture très crémeuse. Ajoutez les œufs un à un en mélangeant bien à chaque fois. Versez l'extrait de vanille, la farine, la poudre de noisettes, la levure et mélangez à nouveau. Incorporez les fruits secs.

Versez la pâte dans un moule à cake beurré et fariné. Enfournez, baissez la température à 180 °C (th. 6) et faites cuire pendant 1 h 10. Au bout de 10 minutes, tracez une ligne au centre du cake avec la pointe d'un couteau et continuez la cuisson.

Pendant ce temps, préparez le sirop : fendez la gousse de vanille dans la longueur et prélevez les graines. Versez l'eau et le sucre dans une casserole puis ajoutez la gousse et les graines de vanille. Portez à ébullition et faites cuire jusqu'à ce que le sirop épaississe légèrement. Filtrez et réservez.

Lorsque le cake est cuit, laissez-le reposer 5 minutes puis démoulez-le sur une grille. Badigeonnez-le généreusement de sirop vanillé.

Pour le glaçage, faites fondre doucement le chocolat concassé au bain-marie ou au micro-ondes puis versez-le sur le cake. Parsemez de fuits secs concassés et laissez refroidir.

Vous pouvez décorer votre cake avec des fruits secs caramélisés : dans une casserole, faites chauffer 100 g de sucre sans remuer jusqu'à l'obtention d'un caramel doré. Roulez alors les fuits secs dans le caramel. Déposez-les sur du papier sulfurisé et laissez refroidir.

PAIN D'ÉPICES

PRÉPARATION : 20 MINUTES
CUISSON : 1 HEURE
REPOS : 5 MINUTES

Pour 8 personnes

- 80 g d'écorces d'orange
- 250 g de miel
- 125 g de farine de blé
- 125 g de farine de seigle
- 1 cuillerée à café de bicarbonate de soude
- 15 cl de lait
- 1 cuillerée à café de mélange d'épices à pain d'épices
- 2 cuillerées à soupe d'eau de fleur d'oranger
- 50 g de sucre roux
- 5 cl d'huile neutre
- ½ cuillerée à café de sel
- Beurre et farine pour le moule

Pour le sirop
- 15 cl d'eau
- 100 g de sucre glace

Préchauffez le four à 150 °C (th. 5).

Dans une casserole, faites chauffer doucement le miel avec le sucre roux, le lait et l'huile et portez à frémissement. Mélangez bien.

Dans un saladier, tamisez ensemble les farines, le bicarbonate, les épices et le sel. Ajoutez le mélange au miel chaud et pétrissez la pâte. Incorporez ensuite les écorces d'orange hachées et l'eau de fleur d'oranger. Lissez bien la pâte.

Déposez la pâte dans un moule à cake beurré et fariné. Enfournez et laissez cuire pendant 1 heure.

Préparez le sirop : dans une casserole, portez à ébullition le sucre glace et l'eau afin d'obtenir un sirop nappant. Laissez tiédir.

Lorsque le pain d'épices est cuit, sortez-le du four et laissez-le reposer 5 minutes. Démoulez-le puis badigeonnez-le de sirop. Laissez-le refroidir puis conservez-le au réfrigérateur enveloppé de film alimentaire.

GALETTE DES ROIS

PRÉPARATION : 25 MINUTES
CUISSON : 50 MINUTES
REPOS : 30 MINUTES

Pour 6 personnes

- 500 g de pâte feuilletée maison (voir recette p. 17) ou 2 rouleaux
- 2 jaunes d'œufs délayés avec 1 cuillerée à soupe de lait
- 1 fève

Pour la crème pâtissière

- 6 g de farine
- 6 g de fécule de maïs
- 2 jaunes d'œufs
- 20 cl de lait entier
- ½ gousse de vanille
- 30 g de sucre semoule

Pour la crème d'amandes

- 80 g de poudre d'amandes
- 2 petits œufs
- 80 g de beurre en pommade
- 80 g de sucre semoule

Réalisez la crème pâtissière : fendez la gousse de vanille dans la longueur et prélevez les graines. Dans une casserole, portez le lait à ébullition avec la gousse de vanille. Dans un saladier, fouettez les jaunes d'œufs avec le sucre et les graines de vanille jusqu'à ce que le mélange blanchisse. Ajoutez la farine et la fécule de maïs. Fouettez en versant un peu de lait chaud dessus pour délayer la préparation. Ajoutez le reste de lait en mélangeant bien. Reversez le tout dans la casserole et faites cuire à feu doux sans cesser de remuer jusqu'à ce que la crème épaississe. Versez-la dans un saladier, ôtez la gousse de vanille et filmez au contact de la crème. Laissez refroidir.

Préparez la crème d'amandes : dans un saladier, fouettez vivement le beurre et le sucre pour obtenir une texture crémeuse. Ajoutez la poudre d'amandes puis les œufs un à un en mélangeant bien à chaque fois.

Incorporez délicatement la crème d'amandes à la crème pâtissière froide. Remplissez une poche munie d'une douille lisse avec la préparation.

Étalez la pâte feuilletée et découpez 2 cercles de 25 cm de diamètre environ. Déposez 1 cercle sur une plaque de cuisson recouverte de papier sulfurisé. Garnissez la pâte de frangipane en laissant un bord libre de 3 cm. Placez la fève puis à l'aide d'un pinceau, humectez d'eau le bord de la pâte. Recouvrez avec le second cercle de pâte feuilletée en soudant bien les bords.

Avec le dos d'un couteau (pour ne pas transpercer la pâte), chiquetez les bords de la galette et dessinez les motifs souhaités sur le dessus. Dorez au jaune d'œuf et placez la galette 30 minutes au réfrigérateur.

Préchauffez le four à 180 °C (th. 6).

Enfournez la galette et faites-la cuire 20 minutes puis baissez le thermostat à 160°C (th. 5) et prolongez la cuisson 30 minutes : le dessus doit être bien doré et croustillant.

BÛCHE DE NOËL

PRÉPARATION : 40 MINUTES
CUISSON : 15 MINUTES
REPOS : 10 MINUTES

Pour 8 personnes

Pour la génoise
- 100 g de farine
- 25 g de poudre d'amandes
- 3 œufs
- 50 g de beurre fondu
- 125 g de sucre semoule

Pour la crème au beurre
- 1 gousse de vanille
- 105 g de blancs d'œufs
- 4 cl d'eau
- 215 g de beurre en pommade
- 165 g de sucre semoule

Pour le sirop
- 1 gousse de vanille ou le zeste de 1 orange râpé
- 5 cl de Grand Marnier®
- 1 litre d'eau
- 150 g de sucre semoule

Préparez le sirop : dans une casserole, faites bouillir l'eau avec le sucre, le Grand Marnier® et la gousse de vanille fendue dans la longueur (ou le zeste d'orange rapé) pendant 5 minutes. Laissez refroidir.

Préchauffez le four à 180 °C (th. 6).

Préparez la génoise : dans un saladier, fouettez les œufs et le sucre pendant 5 minutes afin que le mélange blanchisse et devienne très mousseux. Ajoutez le beurre fondu refroidi puis la farine et la poudre d'amandes en les mélangeant délicatement avec une maryse. Versez cette pâte sur une plaque de cuisson recouverte de papier sulfurisé. Enfournez et faites cuire 15 minutes.

Pendant ce temps, préparez la crème au beurre : fouettez le beurre afin de le rendre très crémeux. Montez les blancs d'œufs en neige. Versez l'eau et le sucre dans une casserole et portez à ébullition pour obtenir un sirop. Lorsque la température atteint 121 °C, versez aussitôt ce sirop sur les blancs en neige en fouettant à vitesse lente pendant 1 minute. Augmentez la vitesse et continuez de fouetter jusqu'à refroidissement de la meringue. Fendez la gousse de vanille dans la longueur, prélevez les graines et incorporez-les à la meringue. Ajoutez enfin le beurre et fouettez la crème pour la rendre bien onctueuse.

Sortez la génoise du four et retournez-la sur un torchon humide. Coupez les bords nettement puis imbibez-la légèrement de sirop. Roulez-la délicatement sur elle-même et laissez-la reposer 5 minutes.

Déroulez la bûche et étalez dessus la moitié de la crème au beurre. Roulez-la à nouveau sur elle-même, enveloppez-la de film alimentaire et réservez au réfrigérateur avec l'autre moitié de crème au beurre.

Au moment de servir, ôtez le film et recouvrez la bûche avec le reste de crème au beurre à l'aide d'une spatule. Coupez les extrémités et dégustez.

PAVLOVA FRAMBOISE-PASSION

PRÉPARATION : 20 MINUTES
CUISSON : 1 H 30

Pour 6 à 8 personnes

- 300 g de framboises fraîches
- 1 cuillerée à soupe de fécule de maïs
- 4 blancs d'œufs
- 1 cuillerée à café de jus de citron
- 200 g de sucre semoule
- Sucre glace pour la déco

Pour la chantilly passion

- 3 fruits de la passion
- 15 cl de crème liquide entière froide
- 40 g de sucre semoule

Préchauffez le four à 100 °C (th. 3-4).

Mélangez les blancs d'œufs et le jus de citron puis montez-les en neige en incorporant le sucre semoule et la fécule petit à petit. Fouettez pendant 3 minutes pour obtenir une meringue bien ferme et brillante.

Étalez la meringue en cercle sur une plaque de cuisson recouverte de papier sulfurisé en lui donnant de jolis mouvements : elle doit avoir une épaisseur de 6 cm minimum avec un léger creux au milieu.

Enfournez la meringue et faites cuire pendant 1 h 30. Laissez refroidir sur une grille.

Coupez les fruits de la passion en deux et prélevez l'intérieur avec une petite cuillère. Filtrez à travers une passoire en pressant bien.

Juste avant de servir, fouettez la crème liquide bien froide en chantilly avec le sucre. Incorporez délicatement la pulpe des fruits de la passion filtrée.

Recouvrez la meringue de chantilly passion puis garnissez de framboises. Poudrez d'un léger voile de sucre glace et servez aussitôt.

ENTREMETS CHOCOLAT-PRALINÉ

PRÉPARATION : 40 MINUTES
CUISSON : 12 MINUTES
RÉFRIGÉRATION : 9 HEURES
CONGÉLATION : 4 HEURES

Pour 8 à 10 personnes

Pour la dacquoise
- 30 g de poudre d'amandes
- 30 g de poudre de noisettes
- 20 g de farine tamisée
- 90 g de blancs d'œufs (environ 3)
- 30 g de sucre semoule
- 65 g de sucre glace tamisé

Pour le croustillant praliné
- 75 g de crêpes dentelle
- 100 g de chocolat au lait
- 100 g de pâte de praliné

Pour la crème au chocolat
- 120 g de chocolat noir à pâtisser concassé ou en pistoles
- 1 jaune d'œuf
- 10 cl de lait entier
- 60 cl de crème fleurette
- 30 g de sucre semoule

Pour le glaçage
- 60 g de chocolat noir à pâtisser
- 40 g de cacao en poudre amer
- 8 g de gélatine
- 10 cl de lait
- 15 cl de crème fleurette
- 120 g de sucre semoule

Préchauffez le four à 180 °C (th. 6).

Préparez la dacquoise : montez les blancs en neige ferme avec le sucre semoule. Incorporez délicatement la farine, le sucre glace et les poudres d'amandes et de noisettes. Étalez cette préparation sur une plaque de cuisson ou dans un cercle à pâtisserie et faites cuire au four 12 minutes. Laissez refroidir. Découpez la dacquoise à la taille de votre moule (ou démoulez-la du cercle). Chemisez le moule de rhodoïd et déposez la dacquoise dans le fond.

Préparez le croustillant : faites fondre au bain-marie le chocolat au lait avec la pâte de praliné. Concassez les crêpes dentelle et mélangez-les au chocolat praliné fondu. Déposez ce mélange sur la dacquoise et égalisez la surface. Placez 1 heure au réfrigérateur.

Réalisez la crème au chocolat : dans une casserole, faites bouillir le lait avec 10 cl de crème fleurette. Dans un saladier, fouettez le jaune d'œuf et le sucre jusqu'à ce que le mélange blanchisse. Versez le mélange lait-crème chaud dessus tout en fouettant. Reversez le tout dans la casserole et faites cuire sans cesser de remuer jusqu'à ce que la crème nappe la cuillère. Versez sur le chocolat concassé dans un saladier. Couvrez et laissez reposer 5 minutes sans remuer. Mélangez ensuite la préparation et laissez refroidir. Fouettez le reste de crème fleurette et incorporez petit à petit à la préparation. Versez dans le moule sur le croustillant, égalisez la surface et placez le gâteau 4 heures minimum au congélateur.

Une fois la crème bien prise, préparez le glaçage : faites tremper la gélatine 10 minutes dans un bol d'eau froide. Concassez le chocolat dans un saladier et ajoutez le cacao. Faites bouillir la crème fleurette avec le lait et le sucre puis versez sur le chocolat. Ajoutez la gélatine essorée et mélangez pour bien la dissoudre. Sortez le gâteau du congélateur, retirez le moule, le rhodoïd et déposez-le sur une grille. Nappez-le uniformément de glaçage. Laissez s'égoutter puis placez 8 heures au réfrigérateur.

Pâtisseries

individuelles

VACHERINS CASSIS-MYRTILLES

PRÉPARATION : 20 MINUTES
CUISSON : 2 HEURES
CONGÉLATION : 2 HEURES

Pour 6 vacherins

- 60 cl de sorbet au cassis
- 200 g de myrtilles
- 5 cl d'eau
- 20 g de sucre semoule

Pour les meringues

- 2 blancs d'œufs
- 60 g de sucre semoule
- 60 g de sucre glace

Préchauffez le four à 100 °C (th. 3-4).

Préparez les meringues : montez les blancs d'œufs en neige. Lorsqu'ils commencent à prendre, ajoutez le sucre semoule et fouettez encore jusqu'à ce qu'ils soient bien fermes. Incorporez délicatement le sucre glace à l'aide d'une maryse.

Remplissez de meringue une poche munie d'une douille lisse puis formez des petits tas espacés sur une plaque de cuisson recouverte de papier sulfurisé. Enfournez et faites cuire pendant 2 heures. Laissez refroidir les meringues dans le four éteint.

Sortez le sorbet du congélateur pour qu'il soit plus facile à travailler. Écrasez légèrement un tiers des meringues pour réaliser de petits éclats (conservez le reste pour la déco).

Travaillez le sorbet à la spatule pour l'assouplir légèrement. Répartissez-le à mi-hauteur dans 6 demi-sphères en silicone. Répartissez des éclats de meringue et quelques myrtilles puis recouvrez de sorbet jusqu'à ras bord des demi-sphères. Placez 2 heures minimum au congélateur.

Pendant ce temps, versez le reste des myrtilles, le sucre et l'eau dans une casserole et portez à ébullition. Mixez puis laissez refroidir ce coulis.

Juste avant de servir, démoulez les demi-sphères sur 6 assiettes. Badigeonnez-les de coulis à la myrtille puis décorez-les avec les petites meringues. Dégustez aussitôt avec le reste de coulis.

BABAS AU RHUM

PRÉPARATION : 35 MINUTES
CUISSON : 30 MINUTES
REPOS : 1 H 30

Pour 6 babas individuels

Pour la pâte
- 200 g de farine
- 6 g de levure fraîche de boulanger
- 2 œufs
- 6 cl de lait
- 90 g de beurre en pommade
- 45 g de sucre semoule
- 3 g de sel
- Beurre pour les moules

Pour le sirop
- 1 orange non traitée
- 10 cl de rhum ambré
- 50 cl d'eau
- 200 g de sucre semoule

Pour la chantilly
- 20 cl de crème fleurette froide
- 1 gousse de vanille
- 20 g de sucre glace

Réalisez la pâte : émiettez la levure dans une tasse et délayez-la avec un peu de lait.

Dans un saladier, fouettez les œufs avec le reste de lait. Versez la farine, le sel et le sucre dans la cuve d'un robot muni du crochet pétrisseur et mélangez. Ajoutez progressivement les œufs battus puis la levure diluée tout en mélangeant. Incorporez enfin le beurre et pétrissez jusqu'à l'obtention d'une pâte homogène. Couvrez d'un torchon humide et laissez pousser la pâte à l'abri des courants d'air pendant 1 heure.

Écrasez la pâte sur le plan de travail pour chasser l'air puis répartissez-la dans 6 moules à baba beurrés. Laissez pousser à nouveau 30 minutes.

Préchauffez le four à 180 °C (th. 6).

Enfournez les babas et laissez cuire pendant 30 minutes.

Préparez le sirop : râpez le zeste de l'orange et recueillez le jus. Dans une casserole, faites bouillir l'eau avec le sucre, le rhum, le zeste et le jus d'orange.

Trempez les babas encore chauds dans le sirop 1 minute de chaque côté pour qu'ils soient bien imbibés puis déposez-les sur une grille pour qu'ils s'égouttent.

Au moment de servir, préparez la chantilly : fendez la gousse de vanille dans la longueur, prélevez les graines à l'aide de la lame d'un couteau et mélangez-les au sucre glace. Fouettez la crème fleurette et, lorsqu'elle commence à mousser, versez peu à peu le sucre vanillé. Continuez de fouetter jusqu'à ce que la chantilly soit bien ferme.

Remplissez de chantilly une poche munie d'une douille cannelée et garnissez les babas.

MILLEFEUILLE CLASSIQUE

PRÉPARATION : 40 MINUTES
CUISSON : 38 MINUTES
REPOS : 2 HEURES

Pour 6 personnes

- 500 g de pâte feuilletée maison (voir recette p. 17) ou 2 rouleaux
- Sucre semoule
- Sucre glace

Pour la crème pâtissière
- 15 g de farine
- 15 g de fécule de maïs
- 6 jaunes d'œufs
- 50 cl de lait entier
- 1 gousse de vanille
- 70 g de sucre semoule

Pour le glaçage
- 300 g de fondant pâtissier blanc
- 50 g de chocolat noir à pâtisser

Étalez la pâte feuilletée sur le plan de travail en un grand rectangle de 2 à 3 mm d'épaisseur. Déposez-le sur une plaque de cuisson recouverte de papier sulfurisé et laissez reposer 2 heures.

Réalisez la crème pâtissière : fendez la gousse de vanille dans la longueur et prélevez les graines à l'aide de la lame d'un couteau. Dans une casserole, portez le lait à ébullition avec la gousse. Dans un saladier, fouettez les jaunes d'œufs et le sucre avec les graines de vanille jusqu'à ce que le mélange blanchisse. Ajoutez la farine et la fécule puis fouettez en délayant avec un peu de lait chaud vanillé. Versez le reste de lait en mélangeant bien. Reversez le tout dans la casserole et faites cuire à feu doux sans cesser de remuer jusqu'à ce que la crème épaississe. Déposez-la dans un saladier. Ôtez la gousse de vanille et filmez au contact de la crème.

Préchauffez le four à 190 °C (th. 6-7).

Couvrez la pâte feuilletée de papier sulfurisé et d'une autre plaque de cuisson. Enfournez et faites cuire 15 minutes. Baissez la température à 170 °C (th. 5-6) et continuez la cuisson 8 minutes. Retournez la pâte et laissez cuire encore 15 minutes. Laissez-la refroidir.

Faites fondre le fondant et le chocolat dans 2 récipients séparés au bain-marie à feu très doux (le fondant ne doit pas bouillir).

Remplissez de chocolat fondu une poche munie d'une douille lisse de 1 mm de diamètre. Découpez la pâte feuilletée en 3 rectangles identiques. Répartissez rapidement et uniformément le fondant blanc sur l'un des rectangle, puis tracez de fins traits de chocolat fondu verticaux. Passez la pointe d'un couteau à la perpendiculaire des traits en chocolat, comme pour quadriller le fondant. Vous obtenez ainsi le motif traditionnel du millefeuille. À l'aide d'une poche à douille, recouvrez les deux autres rectangles de pâte feuilletée de crème pâtissière. Superposez-les et fermez le gâteau avec le rectangle de pâte feuilletée décoré. Coupez en 6 parts et servez.

PETITS CHOUX À LA VANILLE

PRÉPARATION : 35 MINUTES
CUISSON : 40 MINUTES
CONGÉLATION : 1 HEURE

Pour une trentaine de choux

Pour la pâte à choux
- 140 g de farine
- 4 œufs (200 g)
- 15 cl de lait
- 10 cl d'eau
- 110 g de beurre coupé en dés
- 2 cuillerées à soupe de sucre semoule
- 1 pincée de sel

Pour le craquelin
- 50 g de farine
- 40 g de beurre demi-sel en pommade
- 50 g de sucre de canne

Pour la crème pâtissière
- 15 g de farine
- 15 g de fécule de maïs
- 6 jaunes d'œufs
- 50 cl de lait entier
- 1 gousse de vanille
- 70 g de sucre semoule

Préparez le craquelin : dans un saladier, mélangez la farine, le sucre et le beurre du bout des doigts pour obtenir une pâte sableuse puis pétrissez afin de former une boule. Étalez-la très finement entre 2 feuilles de papier sulfurisé. Placez 1 heure au congélateur.

Préchauffez le four à 250 °C (th. 8-9), en chaleur tournante.

Réalisez la pâte à choux : versez le lait, l'eau, le beurre, le sel et le sucre dans une casserole et portez à ébullition. Hors du feu, ajoutez la farine en une seule fois et mélangez pour bien l'intégrer. Remettez la casserole sur feu doux et asséchez la pâte en remuant sans cesse pendant 5 minutes : elle doit se détacher des parois. Transvasez-la dans un saladier et mélangez quelques minutes pour qu'elle refroidisse. Incorporez les œufs un à un. Mélangez bien entre chaque ajout. Remplissez de pâte une poche munie d'une douille unie de 8 mm puis dressez les choux d'environ 3 cm de diamètre sur une plaque de cuisson recouverte de papier sulfurisé.

Sortez le craquelin et détaillez des disques de 5 cm (autant que de choux). Déposez 1 disque sur chaque chou. Éteignez le four et enfournez les choux. Laissez-les ainsi pendant 20 minutes. Rallumez le four à 180 °C (th. 6) et faites cuire 20 minutes en ouvrant la porte du four en fin de cuisson pour laisser l'humidité s'échapper : les choux doivent être fermes et dorés. Laissez-les refroidir sur une grille.

Réalisez la crème pâtissière : fendez la gousse de vanille dans la longueur et prélevez les graines avec la lame d'un couteau. Dans une casserole, portez le lait à ébullition avec la gousse. Dans un saladier, fouettez les jaunes d'œufs et le sucre avec les graines de vanille jusqu'à ce que le mélange blanchisse. Ajoutez la farine et la fécule. Fouettez en délayant avec un peu de lait chaud vanillé. Versez le reste de lait en mélangeant bien. Reversez dans la casserole et faites cuire à feu doux sans cesser de remuer jusqu'à ce que la crème épaississe. Versez-la dans un saladier. Ôtez la gousse et filmez au contact de la crème.

À l'aide d'une poche munie d'une douille seringue, garnissez les choux de crème pâtissière par le dessous. Réservez-les au frais jusqu'à dégustation.

Vous pouvez décorer vos choux de fondant blanc.

ÉCLAIRS AU CHOCOLAT

PRÉPARATION : 35 MINUTES
CUISSON : 40 MINUTES
REPOS : 10 MINUTES

Pour environ 6 éclairs

Pour la pâte à choux
- 70 g de farine
- 2 œufs (200 g)
- 8 cl de lait
- 5 cl d'eau
- 55 g de beurre coupé en dés
- 1 cuillerée à soupe de sucre semoule
- 1 pincée de sel

Pour la crème pâtissière
- 75 g de chocolat noir à pâtisser (en pistoles de préférence)
- 7,5 g de farine
- 7,5 g de fécule de maïs
- 3 jaunes d'œufs
- 25 cl de lait entier
- ½ gousse de vanille
- 35 g de sucre semoule

Pour le glaçage
- 100 g de fondant pâtissier blanc
- 1 cuillerée à café bombée de cacao amer
- 1 cuillerée à café d'eau

Préchauffez le four à 250 °C (th. 8-9), en chaleur tournante.

Réalisez la pâte à choux : versez le lait, l'eau, le beurre, le sel et le sucre dans une casserole et portez à ébullition. Hors du feu, ajoutez la farine en une seule fois et mélangez pour bien l'intégrer. Remettez la casserole sur feu doux et asséchez la pâte en remuant sans cesse pendant 5 minutes : elle doit se détacher des parois. Transvasez-la dans un saladier et mélangez quelques minutes pour qu'elle refroidisse. Incorporez les œufs un à un en mélangeant bien entre chaque ajout. Remplissez de pâte une poche munie d'une douille cannelée de 8 mm puis dressez des bâtonnets de 10 cm de long sur une plaque de cuisson recouverte de papier sulfurisé.

Éteignez le four et enfournez les éclairs ; laissez-les ainsi pendant 20 minutes. Rallumez le four à 180 °C (th. 6) et faites cuire 20 minutes en ouvrant la porte du four en fin de cuisson pour laisser l'humidité s'échapper : les éclairs doivent être bien fermes et dorés. Laissez-les refroidir sur une grille.

Réalisez la crème pâtissière : fendez la gousse de vanille dans la longueur et prélevez les graines à l'aide de la lame d'un couteau. Dans une casserole, portez le lait à ébullition avec la gousse. Dans un saladier, fouettez les jaunes d'œufs et le sucre avec les graines de vanille jusqu'à ce que le mélange blanchisse. Ajoutez la farine et la fécule puis fouettez en délayant avec un peu de lait chaud vanillé. Versez le reste de lait en mélangeant bien. Reversez le tout dans la casserole et faites cuire à feu doux sans cesser de remuer jusqu'à ce que la crème épaississe. Ôtez la gousse. Déposez le chocolat (concassé ou en pistoles) dans un saladier et versez la crème pâtissière par-dessus. Laissez reposer 5 minutes. Mélangez ensuite vivement afin d'obtenir une préparation homogène. Filmez au contact de la crème et laissez refroidir.

Remplissez de crème au chocolat une poche munie d'une douille seringue puis garnissez les éclairs par les extrémités.

Faites fondre doucement le fondant (au bain-marie ou au micro-ondes). Délayez le cacao avec l'eau et mélangez-le au fondant pour obtenir une texture bien lisse et souple. Déposez-le en ruban sur chaque éclair. Laissez durcir le glaçage 10 minutes avant de déguster.

RELIGIEUSES AU CARAMEL

PRÉPARATION : 1 HEURE
CUISSON : 40 MINUTES
CONGÉLATION : 1 HEURE

Pour environ 6 religieuses

Pour la pâte à choux
- 140 g de farine
- 4 œufs (200 g)
- 15 cl de lait
- 10 cl d'eau
- 110 g de beurre
- 2 cuillerées à soupe de sucre semoule
- 1 pincée de sel

Pour le craquelin
- 50 g de farine
- 40 g de beurre demi-sel en pommade
- 50 g de sucre de canne

Pour la crème au caramel
- 7,5 g de farine
- 7,5 g de fécule de maïs
- 3 jaunes d'œufs
- 25 cl de lait entier
- ½ gousse de vanille
- 50 g de beurre demi-sel coupé en dés
- 100 g de sucre semoule

Pour le glaçage
- 100 g de fondant pâtissier blanc
- 1 cuillerée à café de sirop de sucre de canne
- Colorant alimentaire couleur caramel

Réalisez le craquelin puis la pâte à choux en vous reportant à la recette des petits choux à la vanille, page 90 (étapes 1 à 4). Attention toutefois : sur la plaque, dressez 6 choux de 3 cm et 6 choux de 6 cm. Dans le craquelin, détaillez 6 cercles de 4 cm et 6 cercles de 7 cm de diamètre.

Pendant que les choux refroidissent, préparez la crème au caramel : fendez la gousse de vanille dans la longueur et prélevez les graines à l'aide de la lame d'un couteau. Dans une casserole, faites bouillir le lait avec la gousse et les graines. Dans un saladier, fouettez les jaunes d'œufs avec la fécule de maïs et la farine.

Dans une casserole faites chauffer le sucre sans remuer jusqu'à l'obtention d'un caramel doré. Ajoutez le lait vanillé dessus petit à petit en fouettant : tout le caramel doit être dissous. Filtrez puis versez sur le mélange œufs-farine. Reversez le tout dans la casserole et faites cuire quelques minutes à feu doux sans cesser de remuer jusqu'à ce que la crème épaississe. Hors du feu, incorporez le beurre. Mixez la crème au mixeur plongeant puis transvasez-la dans un saladier. Filmez au contact de la crème et laissez refroidir.

À l'aide d'une poche munie d'une douille seringue, garnissez les gros choux de crème au caramel en faisant un petit trou sur le dessus et les petits choux par le dessous.

Faites fondre le fondant (au bain-marie ou au micro-ondes). Mélangez le colorant au sirop de sucre de canne ; versez sur le fondant et mélangez afin que la texture soit bien onctueuse.

Trempez chaque chou à l'envers dans le glaçage puis déposez aussitôt un petit chou sur un grand pour former les religieuses. Placez-les au réfrigérateur et sortez-les 15 minutes avant la dégustation.

PARIS-BREST

PRÉPARATION : 1 HEURE
CUISSON : 40 MINUTES
CONGÉLATION : 3 HEURES
RÉFRIGÉRATION : 4 HEURES

Pour 6 Paris-Brest

- 50 g d'amandes effilées

Pour la pâte à choux

- 84 g de farine
- 120 g d'œufs (2 gros œufs)
- 10 cl de lait
- 5 cl d'eau
- 66 g de beurre
- 1 cuillerée à soupe de sucre semoule
- 1 pincée de sel

Pour la crème au praliné

- 60 g de pâte de praliné
- 8 g de farine
- 8 g de fécule de maïs
- 2 jaunes d'œufs
- ½ gousse de vanille
- 20 cl de lait entier
- 120 g de beurre en pommade
- 40 g de sucre semoule

Réalisez les choux comme expliqué page 18. Attention toutefois : sur la plaque, dressez 6 anneaux de pâte à choux de 2 cm de largeur et 8 cm de diamètre. Saupoudrez-les d'amandes éffilées avant la cuisson.

Pendant que les choux refroidissent, préparez la crème au praliné : dans un bol, tamisez ensemble la farine et la fécule de maïs. Fendez la gousse de vanille dans la longueur et prélevez les graines. Dans un saladier, fouettez vivement les jaunes d'œufs avec le sucre et les graines. Ajoutez le mélange farine-fécule et fouettez le tout.

Dans une casserole, faites bouillir le lait avec la gousse de vanille. Versez-en la moitié dans le saladier en fouettant. Reversez le tout dans la casserole et faites cuire à feu doux sans cesser de remuer jusqu'à ce que la préparation épaississe. Versez-la dans un saladier, ôtez la gousse et filmez au contact de la crème. Laissez refroidir.

Fouettez le beurre en pommade et mélangez-le à la pâte de praliné. Incorporez ce mélange petit à petit à la crème pâtissière en fouettant jusqu'à ce que la texture devienne très légère.

Remplissez une poche munie d'une douille lisse de crème au praliné. Coupez les choux en deux. Garnissez-les de crème et refermez-les. Réservez les Paris-Brest 4 heures au réfrigérateur avant de déguster.

COULANTS AU CHOCOLAT

PRÉPARATION : 10 MINUTES
CUISSON : 7 MINUTES

Pour 6 coulants

- 280 g de chocolat noir à pâtisser
- 2 cuillerées à soupe de farine
- 4 œufs
- 120 g de beurre
- 120 g de sucre de canne

Préchauffez le four à 220 °C (th. 7-8).

Faites fondre le chocolat concassé avec le beurre en morceaux (au bain-marie ou au micro-ondes).

Dans un saladier, fouettez les œufs et le sucre pendant 5 minutes afin que le mélange devienne très mousseux. Ajoutez la farine en pluie et mélangez délicatement. Incorporez cette préparation au mélange beurre-chocolat.

Versez l'appareil à chocolat dans 6 moules à cercler chemisés de papier sulfurisé. Enfournez et faites cuire 7 minutes.

Démoulez les coulants et servez-les tièdes.

Accompagnez vos coulants de glace au caramel, de crème anglaise ou de chantilly.

SOUFFLÉS AU CHOCOLAT

PRÉPARATION : 15 MINUTES
CUISSON : 12 MINUTES
RÉFRIGÉRATION : 10 MINUTES

Pour 6 soufflés

- 200 g de chocolat noir à pâtisser
- 14 g de fécule de maïs
- 2 jaunes d'œufs
- 4 blancs d'œufs
- 20 cl de lait
- 60 g de sucre semoule
- Beurre et sucre pour les moules

Préchauffez le four à 175 °C (th. 5-6).

Concassez le chocolat et placez-le dans un saladier.

Dans une tasse, délayez la fécule de maïs avec un peu de lait. Dans une casserole, portez à ébullition le reste de lait puis ajoutez la fécule diluée.

Versez le lait bouillant sur le chocolat et laissez reposer 5 minutes. Fouettez ensuite pour bien lisser la préparation. Ajoutez les jaunes d'œufs et mélangez.

Montez les blancs en neige et ajoutez petit à petit le sucre tout en fouettant jusqu'à ce qu'ils soient bien fermes.

À l'aide d'une maryse, incorporez délicatement les blancs en neige à la préparation au chocolat.

Beurrez 6 moules à soufflé à la verticale puis placez-les 10 minutes au réfrigérateur.

Beurrez une seconde fois les moules, puis saupoudrez-les de sucre. Versez l'appareil au chocolat jusqu'au bord, lissez la surface et passez votre doigt sur le pourtour des moules. Enfournez et laissez cuire 12 minutes. Servez les soufflés dès la sortie du four.

FRAISIERS

PRÉPARATION : 50 MINUTES
CUISSON : 30 MINUTES
REPOS : 2 HEURES

Pour 6 fraisiers

- 250 g de fraises
- 200 g de pâte d'amandes blanche

Pour la génoise
- 125 g de farine
- 3 œufs
- 50 g de beurre fondu
- 125 g de sucre semoule

Pour le sirop
- 50 g de fraises
- 10 cl d'eau
- 50 g de sucre semoule

Pour la crème mousseline
- 15 g de farine
- 15 g de fécule de maïs
- 6 jaunes d'œufs
- 50 cl de lait entier
- 1 gousse de vanille
- 250 g de beurre en pommade
- 80 g de sucre semoule

Préchauffez le four à 190 °C (th. 6-7).

Préparez la génoise comme expliqué page 26.

Préparez le sirop : lavez et équeutez les fraises puis coupez-les en morceaux. Déposez-les dans une casserole avec le sucre et l'eau. Portez à ébullition puis éteignez le feu. Mixez finement et filtrez.

Placez 6 moules à cercler sur une plaque de cuisson recouverte de papier sulfurisé. Dans la génoise refroidie, découpez 12 disques de diamètre inférieur à celui de vos moules (1 cm en moins). Imbibez-les généreusement de sirop à la fraise et placez 1 disque dans le fond de chaque moule (réservez les 6 restants).

Préparez la mousseline : fouettez le beurre pommade pour le rendre bien crémeux. Fendez la gousse de vanille dans la longueur et prélevez les graines. Dans une casserole, portez le lait à ébullition avec la gousse. Dans un saladier, fouettez les jaunes d'œufs et le sucre avec les graines de vanille jusqu'à ce que le mélange blanchisse. Ajoutez la farine et la fécule puis fouettez en délayant avec un peu de lait chaud vanillé. Versez le reste de lait en mélangeant bien. Reversez le tout dans la casserole et faites cuire sur feu doux sans cesser de remuer jusqu'à ce que la crème épaississe. Transvasez-la dans un saladier, ôtez la gousse de vanille et incorporez la moitié du beurre. Filmez au contact de la crème et laissez refroidir. Lorsque la crème est à température, ajoutez alors le reste de beurre en fouettant.

Rincez et équeutez les fraises puis coupez-les en deux (réservez 6 demi-fraises pour la déco). Placez des demi-fraises sur le pourtour des moules. Coupez le reste en brunoise. Garnissez l'intérieur des moules avec un peu de mousseline, un peu de brunoise puis encore un peu de mousseline. Couvrez avec 1 disque de génoise imbibé puis remplissez les moules à hauteur de mousseline. Placez 1 heure au réfrigérateur.

Juste avant de servir, étalez finement la pâte d'amandes et découpez 6 cercles de la taille des moules. Démoulez les fraisiers et recouvrez-les avec 1 cercle de pâte d'amandes. Décorez avec 1 demi-fraise et dégustez.

ROYAL

MOKA

IAL

PRÉPARATION : 40 MINUTES
CUISSON : 12 MINUTES
RÉFRIGÉRATION : 6 HEURES

Pour 6 personnes

Pour le succès aux amandes
- 60 g de poudre d'amandes
- 15 g de farine
- 3 blancs d'œufs
- 130 g de sucre semoule

Pour le croustillant praliné
- 50 g de crêpes dentelle
- 50 g de pâte de praliné
- 50 g de chocolat au lait

Pour la mousse au chocolat
- 120 g de chocolat noir à pâtisser
- 35 cl de crème fleurette
- 15 g de sucre glace
- Cacao amer pour saupoudrer

Préchauffez le four à 200 °C (th. 7).

Préparez le succès aux amandes : dans un saladier, tamisez la farine, la poudre d'amandes et 60 g de sucre.

Montez les blancs d'œufs en neige. Lorsqu'ils commencent à se raffermir, ajoutez le reste de sucre en continuant de fouetter au batteur quelques minutes jusqu'à ce qu'ils soient bien fermes. À l'aide d'une maryse, incorporez délicatement le mélange à base de poudre d'amandes. Déposez cette pâte sur une plaque de cuisson recouverte de papier sulfurisé. Enfournez et faites cuire 12 minutes. Laissez refroidir.

Dans la pâte, découpez 6 disques de la même taille que vos moules à cercler. Déposez 1 disque dans le fond de chaque moule chemisé de rhodoïd.

Préparez le croustillant : concassez les crêpes dentelle dans un bol. Dans une casserole, faites fondre à feu doux le chocolat au lait avec la pâte de praliné puis incorporez ce mélange aux crêpes dentelle. Répartissez ce croustillant dans le fond des moules en couche fine et laissez prendre 2 heures au réfrigérateur.

Pendant ce temps, réalisez la mousse au chocolat : concassez le chocolat dans un saladier. Faites bouillir 10 cl de crème fleurette puis versez-la sur le chocolat. Laissez reposer 5 minutes. Mélangez ensuite vivement pour obtenir une préparation bien lisse. Fouettez le reste de crème fleurette en chantilly bien ferme en ajoutant à la fin le sucre glace. À l'aide d'une maryse, incorporez-la délicatement au chocolat fondu.

Une fois le croustillant pris, recouvrez-le de mousse au chocolat et lissez la surface. Placez les moules 4 heures au réfrigérateur.

Juste avant de servir, saupoudrez les gâteaux de cacao et démoulez délicatement.

MOKA

PRÉPARATION : 40 MINUTES
CUISSON : 15 MINUTES
RÉFRIGÉRATION : 30 MINUTES

Pour 6 mokas

- 100 g d'amandes effilées

Pour la génoise
- 125 g de farine
- 3 œufs
- 50 g de beurre fondu
- 125 g de sucre semoule

Pour la crème au beurre café
- 4 gouttes d'extrait de café
- 140 g de blancs d'œufs
- 1 gousse de vanille
- 6 cl d'eau
- 290 g de beurre coupé en dés
- 220 g de sucre semoule

Pour le sirop au café
- 10 cl de café fort
- 1 cuillerée à soupe de rhum
- 25 cl d'eau
- 150 g de sucre semoule

Préchauffez le four à 190 °C (th. 6-7).

Réalisez la génoise : dans un saladier, fouettez les œufs et le sucre pendant 5 minutes afin d'obtenir un mélange très mousseux. Ajoutez le beurre fondu refroidi puis incorporez la farine à l'aide d'une maryse. Étalez cette pâte sur une plaque de cuisson recouverte de papier sulfurisé. Enfournez et faites cuire pendant 15 minutes. Laissez refroidir.

Préparez la crème au beurre : fouettez le beurre pour qu'il soit bien crémeux. Dans une casserole, portez à ébullition l'eau et le sucre jusqu'à ce que le sirop atteigne 121 °C. Pendant ce temps, montez les blancs d'œufs en neige. Lorsque le sirop est à bonne température, versez-le aussitôt sur les blancs en fouettant au batteur à vitesse lente pendant 1 minute. Augmentez la vitesse et continuez de fouetter jusqu'à refroidissement de la meringue. Fendez la gousse de vanille dans la longueur, prélevez les graines. Incorporez-les à la meringue. Ajoutez le beurre et l'extrait de café en fouettant. Réservez à température ambiante (ou au réfrigérateur si la texture n'est pas assez ferme).

Préparez le sirop : dans une casserole, portez à ébullition l'eau, le rhum, le sucre et le café.

Découpez 12 disques de génoise de la taille de vos moules à cercler. Placez 1 disque dans le fond de 6 moules chemisés de rhodoïd et arrosez-le de sirop au café de façon à bien l'imbiber. Garnissez les moules de crème au beurre café puis recouvrez avec les 6 autres disques. Placez 30 minutes au réfrigérateur.

Dans une poêle antiadhésive, faites dorer à sec les amandes effilées 2 à 3 minutes sur feu doux.

Démoulez les mokas. Étalez le reste de crème café sur le dessus et le pourtour puis recouvrez celui-ci d'amandes.

ENTREMETS FRAMBOISE-CITRON

ENTREMETS MATCHA-SÉSAME NOIR

ENTREMETS FRAMBOISE-CITRON VERT

PRÉPARATION : 40 MINUTES
CUISSON : 12 MINUTES
REPOS : 14 HEURES

Pour 6 personnes

Pour la dacquoise à la pistache
- 60 g de poudre de pistaches
- 40 g de poudre d'amandes
- 4 blancs d'œufs
- 30 g de sucre semoule
- 100 g de sucre glace tamisé
  + un peu pour saupoudrer

Pour le croustillant au chocolat blanc
- 50 g de crêpes dentelle
- 100 g de chocolat blanc

Pour la gelée de framboises
- 150 g de framboises fraîches
- 2 feuilles de gélatine
- 15 g de sucre semoule

Pour le crémeux au citron vert
- 5,5 cl de jus de citron vert
- Le zeste de 1 citron vert
- 1 œuf battu
- 75 g de beurre
- 55 g de sucre semoule

Pour la mousse à la framboise
- 400 g de framboises fraîches
  + quelques-unes pour la déco
- Le jus de 1 citron vert
- 2 feuilles de gélatine
- 40 cl de crème fleurette froide
- 100 g de sucre semoule

La veille, préchauffez le four à 200 °C (th. 7).

Réalisez la dacquoise : montez les blancs d'œufs en neige ferme avec le sucre semoule. À l'aide d'une maryse, incorporez les poudres d'amandes et de pistaches ainsi que le sucre glace : le mélange doit être bien lisse. Étalez cette pâte sur une plaque de cuisson recouverte de papier sulfurisé et saupoudrez de sucre glace. Enfournez et faites cuire 12 minutes. Laissez refroidir. Découpez 6 disques de dacquoise de la taille de vos moules à cercler. Placez 1 disque dans le fond de chaque moule chemisé de rhodoïd.

Préparez le croustillant : dans un bol, concassez les crêpes dentelle. Faites fondre le chocolat au bain-marie. Mélangez-le aux crêpes. Versez dans les moules et lissez la surface.

Réalisez la gelée : réhydratez la gélatine dans un bol d'eau froide pendant 10 minutes. Dans une casserole, portez à ébullition les framboises, le sucre et 1 cuillerée à soupe d'eau. Hors du feu, incorporez la gélatine et mélangez pour la dissoudre. Mixez finement puis filtrez. Répartissez la gelée sur le croustillant dans les moules. Faites prendre 2 heures au réfrigérateur.

Préparez le crémeux : dans une casserole, faites cuire l'œuf, le jus, le zeste de citron et le sucre à feu doux en remuant jusqu'à ce que la préparation épaississe. Hors du feu, incorporez le beurre. Mixez puis filtrez. Versez en fine couche dans les moules. Faites prendre 2 heures au réfrigérateur.

Réalisez la mousse : dans une casserole, portez à ébullition les framboises rincées, le sucre et le jus de citron, filtrez et laissez refroidir. Réhydratez la gélatine 10 minutes dans un bol d'eau froide. Fouettez la crème. Faites chauffer un peu de coulis de framboises dans une casserole. Hors du feu, ajoutez la gélatine essorée pour la dissoudre. Versez le reste de coulis et mélangez. Incorporez la crème fouettée. Versez la mousse dans les moules à hauteur et placez-les toute la nuit au réfrigérateur.

Juste avant de servir, démoulez les entremets, saupoudrez-les de sucre glace et décorez-les d'une framboise.

ENTREMETS MATCHA-SÉSAME NOIR

PRÉPARATION : 50 MINUTES
CUISSON : 25 MINUTES
RÉFRIGÉRATION : 6 HEURES

Pour 6 personnes

Pour la dacquoise au sésame
- 40 g de graines de sésame noir
- 60 g de poudre de noisettes
- 4 blancs d'œufs
- 30 g de sucre semoule
- 100 g de sucre glace tamisé + un peu pour saupoudrer
- 1 cuillerée à soupe de matcha pour la déco

Pour la feuillantine au sésame
- 50 g de crêpes dentelle
- 60 g de chocolat blanc
- 20 g de pâte de sésame noir
- 20 g de pâte de praliné

Pour le crémeux au matcha
- 3 g de matcha
- 1 cuillerée à café de fécule de maïs
- 1 jaune d'œuf
- 5 cl de lait
- 50 g de crème fleurette
- 1 feuille de gélatine
- 30 g de beurre pommade
- 15 g de sucre semoule

Pour la mousse au chocolat blanc
- 200 g de chocolat de couverture ivoire
- 1 cuillerée à café de jus de yuzu
- 10 cl de lait frais entier
- 20 cl de crème fleurette froide

Préchauffez le four à 180 °C (th. 6).

Préparez la dacquoise : mixez les graines de sésame pour obtenir une poudre. Montez les blancs en neige avec le sucre semoule. Lorsqu'ils sont bien fermes, à l'aide d'une maryse, incorporez la poudre de noisettes, le sésame en poudre et le sucre glace : le mélange doit être bien lisse. Étalez cette pâte sur une plaque de cuisson recouverte de papier sulfurisé et saupoudrez de sucre glace. Enfournez et faites cuire 25 minutes. Laissez refroidir. Découpez 6 disques de dacquoise de la taille de vos moule à cercler. Placez 1 disque dans le fond de chaque moule chemisé de rhodoïd.

Préparez la feuillantine : concassez les crêpes dentelle. Dans une casserole sur feu doux, faites fondre le chocolat avec les pâtes de praliné et de sésame. Hors du feu, ajoutez les crêpes dentelle et mélangez. Étalez en fine couche sur la dacquoise dans les moules. Réservez au réfrigérateur.

Préparez le crémeux : réhydratez la gélatine dans un bol d'eau froide 10 minutes. Dans une casserole, portez à ébullition le lait, la crème, le jaune d'œuf, la fécule et le sucre. Mélangez et laissez cuire à feu doux jusqu'à épaississement. Hors du feu, incorporez la gélatine essorée et la poudre de matcha. Laissez tiédir puis ajoutez le beurre. Mixez et versez sur la feuillantine. Faites prendre 2 heures au réfrigérateur.

Préparez la mousse : dans un saladier, concassez le chocolat et ajoutez le jus de yuzu. Dans une casserole, portez le lait à ébullition. Versez-le sur le chocolat. Laissez reposer 5 minutes. Mélangez de façon à obtenir une ganache lisse et laissez refroidir. Fouettez la crème en chantilly. Incorporez-la à la ganache à l'aide d'une maryse. Versez la mousse sur le crémeux, lissez et placez 4 heures au réfrigérateur.

Juste avant de servir, démoulez les entremets et saupoudrez-les de matcha.

Tartes

TARTE AU CITRON MERINGUÉE

PRÉPARATION : 45 MINUTES
CUISSON : 10 MINUTES
REPOS : 6 H 35

Pour 6 à 8 personnes

Pour la pâte
- 200 g de farine tamisée
- 15 g de poudre d'amandes
- 1 petit œuf (40 g)
- 100 g de beurre à température
- 50 g de sucre glace
- 1 pincée de sel

Pour la crème au citron
- 2 citrons non traités
- 2 œufs
- 115 g de beurre
- 80 g de sucre semoule

Pour la meringue
- 100 g de blancs d'œufs
- 195 g de sucre semoule
- 4 cl d'eau

Réalisez la pâte : dans la cuve d'un robot muni de la feuille (accessoire pour mélanger), déposez le beurre coupé en dés et le sucre glace. Mélangez jusqu'à ce que la texture soit crémeuse. Versez la farine et le sel et mélangez rapidement. Ajoutez enfin l'œuf puis la poudre d'amandes en mélangeant bien à chaque fois. Lorsque la pâte est homogène, travaillez-la légèrement sur le plan de travail puis formez une boule. Enveloppez-la de film alimentaire et laissez-la reposer 30 minutes au réfrigérateur.

Préchauffez le four à 180 °C (th. 6).

Abaissez la pâte sur le plan de travail fariné. Foncez un moule à tarte. Piquez la pâte avec une fourchette et laissez-la reposer 5 minutes au réfrigérateur. Enfournez la pâte à blanc et faites-la cuire 10 minutes. Laissez-la refroidir.

Réalisez la crème au citron : rincez les citrons, râpez le zeste puis pressez-les afin de recueillir 8 cl de jus environ. Dans une casserole, fouettez les œufs avec le sucre, le zeste et le jus de citron. Faites cuire sur feu doux sans cesser de remuer jusqu'à ce que le mélange épaississe. Laissez tiédir puis incorporez le beurre en morceaux. Mixez la crème et filtrez. Placez 6 heures au réfrigérateur.

Étalez la crème au citron sur le fond de tarte et lissez la surface.

Réalisez la meringue : dans une casserole, portez à ébullition l'eau et 160 g de sucre puis laissez cuire jusqu'à ce que la température du sirop atteigne 121 °C.

Pendant ce temps, montez les blancs d'œufs en neige ferme en ajoutant le reste de sucre. Lorsque le sirop est à bonne température, versez-le aussitôt sur les blancs et fouettez au batteur à vitesse réduite pendant 1 minute. Augmentez ensuite la vitesse (au maximum) et fouettez jusqu'à complet refroidissement de la meringue : elle doit être lisse, ferme et très brillante.

À l'aide d'une spatule ou d'une poche munie d'une douille (cannelée ou lisse), garnissez la tarte au citron de meringue. Faites-la dorer à l'aide d'un chalumeau ou en la passant quelques minutes sous le gril du four.

TARTELETTES EXOTIQUES

PRÉPARATION : 30 MINUTES
CUISSON : 30 MINUTES
REPOS : 4 HEURES

Pour 6 tartelettes

Pour la pâte
- 200 g de farine
- 1 petit œuf (40 g)
- 100 g de beurre à température
- 50 g de sucre semoule
- 1 pincée de sel

Pour la crème mangue-passion
- 65 g de chair de mangue
- 4 fruits de la passion
- 1 citron vert non traité
- 2 œufs
- 120 g de beurre à température
- 65 g de sucre semoule

Préparez la crème mangue-passion : rincez le citron vert, râpez le zeste et recueillez le jus. Coupez la chair de mangue en morceaux (réservez-en un peu pour la déco) ; mixez-les avec le jus de citron. Coupez les fruits de la passion en deux, prélevez la chair et filtrez-la en pressant bien pour récupérer le jus. Mélangez-le à la purée de mangue. Versez dans une casserole puis ajoutez le zeste de citron, le sucre et les œufs. Mélangez le tout et faites cuire à feu doux en remuant sans cesse jusqu'à ce que la crème épaississe. Laissez refroidir. Filtrez puis mixez avec le beurre. Déposez la crème dans un bol, filmez et placez 3 heures au réfrigérateur.

Réalisez la pâte : dans un saladier, fouettez le beurre coupé en dés et le sucre jusqu'à l'obtention d'un mélange crémeux. Ajoutez la farine et le sel puis mélangez. Ajoutez l'œuf et mélangez à nouveau. Formez une boule, aplatissez-la légèrement puis enveloppez-la de film alimentaire. Placez 30 minutes au réfrigérateur.

Sur le plan de travail fariné, abaissez finement la pâte. À l'aide d'un emporte-pièce un peu plus grand que vos moules à cercler, coupez 6 disques de pâte. Foncez les moules en faisant bien adhérer la pâte sur le bord et piquez le fond avec une fourchette. Laissez reposer 30 minutes au réfrigérateur. Recouvrez les tartelettes d'un rond de papier sulfurisé et garnissez de billes de cuisson ou de légumes secs.

Préchauffez le four à 170 °C (th. 5-6).

Enfournez à blanc et laissez cuire 15 minutes. Ôtez les billes de cuisson et le papier sulfurisé. Faites cuire encore 5 minutes. Laissez les fonds de tartelettes refroidir sur une grille.

Étalez la crème mangue-passion sur les fonds de tartelette et lissez la surface.

Décorez avec des cubes de mangue fraîche et servez.

TARTE AUX FRAISES

TARTELETTES PISTACHE-FRAMBOISE

TARTE AUX FRAISES

PRÉPARATION : 40 MINUTES
CUISSON : 20 MINUTES
REPOS : 35 MINUTES

Pour 6 à 8 personnes

- 500 g de fraises

Pour la pâte
- 200 g de farine
- 15 g de poudre d'amandes
- 1 petit œuf (40 g)
- 100 g de beurre à température
- 50 g de sucre glace
- 1 pincée de sel

Pour la crème à la pistache
- 40 g de poudre de pistaches
- 1 petit œuf
- 40 g de beurre en pommade
- 40 g de sucre semoule

Pour la crème pâtissière
- 7 g de farine
- 7 g de fécule de maïs
- 3 jaunes d'œufs
- 25 cl de lait entier
- ½ gousse de vanille
- 35 g de sucre semoule

Réalisez la pâte : dans la cuve d'un robot muni de la feuille (accessoire pour mélanger), déposez le beurre coupé en dés et le sucre glace. Mélangez jusqu'à ce que la préparation soit crémeuse. Ajoutez la farine et le sel tamisés ensemble et mélangez rapidement. Ajoutez l'œuf puis la poudre d'amandes en mélangeant bien à chaque fois. Déposez la pâte sur le plan de travail fariné, travaillez-la légèrement puis formez une boule. Enveloppez-la de film alimentaire et laissez-la reposer 30 minutes au réfrigérateur.

Pendant ce temps, préparez la crème à la pistache : dans un saladier, fouettez le beurre et le sucre afin que le mélange devienne très crémeux. Ajoutez la poudre de pistaches puis l'œuf battu. Mélangez bien le tout.

Préchauffez le four à 180 °C (th. 6).

Abaissez rapidement la pâte sur le plan de travail fariné puis foncez un moule à tarte. Piquez le fond de pâte avec une fourchette et laissez reposer 5 minutes au réfrigérateur.

Étalez la crème à la pistache sur le fond de pâte. Enfournez et laissez cuire pendant 20 minutes.

Pendant la cuisson, préparez la crème pâtissière : fendez la gousse de vanille dans la longueur et prélevez les graines. Dans une casserole, portez le lait à ébullition avec la gousse de vanille. Dans un saladier, fouettez les jaunes d'œufs avec le sucre et les graines jusqu'à ce que le mélange blanchisse. Ajoutez la farine et la fécule, fouettez en délayant avec un peu de lait chaud vanillé. Ajoutez le reste de lait en mélangeant bien. Reversez le tout dans la casserole et faites cuire à feu doux sans cesser de remuer jusqu'à ce que la crème épaississe. Transvasez dans un saladier et filmez au contact de la crème. Laissez refroidir.

Sortez le fond de tarte du four et laissez-le refroidir sur une grille. Lavez et équeutez les fraises.

Fouettez la crème pâtissière, étalez-la sur la tarte et lissez la surface. Disposez joliment les fraises et servez aussitôt.

TARTELETTES PISTACHE-FRAMBOISE

PRÉPARATION : 25 MINUTES
CUISSON : 30 MINUTES
REPOS : 30 MINUTES

Pour 6 à 8 tartelettes

- 250 g de framboises
- 100 g de coulis de framboises (voir recette p. 34)

Pour la pâte sablée

- 200 g de farine
- 1 petit œuf (40 g)
- 100 g de beurre à température
- 100 g de sucre semoule
- 1 pincée de sel

Pour la crème à la pistache

- 80 g de poudre de pistaches
- 2 petits œufs (80 g)
- 80 g de beurre en pommade
- 80 g de sucre semoule

Réalisez la pâte : placez la farine et le beurre coupé en dés dans un saladier puis sablez avec la paume des mains de façon à obtenir un mélange granuleux. Faites un puits au milieu et ajoutez le sucre, le sel et l'œuf battu. Mélangez sans travailler la pâte trop longuement. Formez une boule, aplatissez-la légèrement et enveloppez de film alimentaire. Placez 30 minutes au réfrigérateur.

Préchauffez le four à 180 °C (th. 6).

Abaissez la pâte finement sur le plan de travail fariné puis piquez-la avec une fourchette. À l'aide d'un emporte-pièce un peu plus grand que vos moules à cercler, coupez 6 disques de pâte. Foncez les moules (placés sur une plaque recouverte de papier sulfurisé) en faisant bien adhérer la pâte sur le bord. Recouvrez-les d'un rond de papier sulfurisé et garnissez-les de billes de cuisson ou de légumes secs.

Enfournez les tartelettes et faites cuire à blanc 10 minutes. Ôtez ensuite les billes de cuisson et le papier sulfurisé et faites cuire encore 5 minutes.

Pendant ce temps, préparez la crème à la pistache : dans un saladier, fouettez le beurre et le sucre jusqu'à ce que le mélange devienne très crémeux. Ajoutez la poudre de pistaches puis les œufs en mélangeant bien à chaque fois.

Répartissez cet appareil sur les fonds de tarte précuits et poursuivez la cuisson 15 minutes. Laissez refroidir.

Nappez les tartelettes de coulis et garnissez-les de framboises.

TARTE FINE AUX POMMES

PRÉPARATION : 30 MINUTES
CUISSON : 30 MINUTES
REPOS : 30 MINUTES

Pour 8 personnes

Pour la pâte sablée
- 250 g de farine
- 1 œuf
- 125 g de beurre à température
- 125 g de sucre semoule
- 1 pincée de sel

Pour la garniture
- 6 pommes reinette ou boskoop
- 30 g de beurre demi-sel
- 2 sachets de sucre vanillé

Réalisez la pâte : dans un saladier, placez la farine et le beurre coupé en dés puis sablez avec la paume des mains de façon à obtenir un mélange granuleux. Faites un puits au milieu et ajoutez le sucre, le sel et l'œuf battu. Mélangez le tout sans travailler la pâte trop longuement. Formez une boule,aplatissez-la légèrement puis enveloppez de film alimentaire. Placez 30 minutes au réfrigérateur.

Pendant ce temps, épluchez les pommes, ôtez le cœur et coupez-les en fines lamelles.

Préchauffez le four à 175 °C (th. 5-6).

Sur le plan de travail fariné, abaissez la pâte finement en un grand cercle. Déposez-la sur une plaque de cuisson recouverte de papier sulfurisé et piquez-la avec une fourchette. Disposez les lamelles de pomme en rosace. Saupoudrez le dessus de sucre vanillé et éparpillez des noisettes de beurre.

Enfournez la tarte et laissez cuire 30 minutes.

TARTELETTES CHOCO-PRALINÉ

PRÉPARATION : 30 MINUTES
CUISSON : 25 MINUTES
REPOS : 2 H 30

Pour 6 tartelettes

Pour la pâte sablée
- 200 g de farine
- 50 g de poudre de noisettes
- 1 œuf
- 125 g de beurre à température
- 125 g de sucre semoule
- 1 pincée de sel

Pour la garniture et la ganache
- 200 g de chocolat au lait
- 100 g de pâte de praliné à 50 % de fruits secs
- 30 g de pralin
- 30 g de beurre
- 12 cl de crème fleurette

Réalisez la pâte : dans un saladier, versez la farine et la poudre de noisettes. Ajoutez le beurre coupé en dés et sablez avec la paume des mains de façon à obtenir un mélange granuleux. Faites un puits au milieu et ajoutez le sucre, le sel et l'œufbattu. Mélangez le tout sans travailler la pâte trop longuement. Formez une boule, aplatissez-la légèrement puis enveloppez-la de film alimentaire. Placez 30 minutes au réfrigérateur.

Préchauffez le four à 180 °C (th. 6).

Abaissez la pâte finement sur le plan de travail fariné puis piquez-la avec une fourchette. À l'aide d'un emporte-pièce un peu plus grand que vos moules à cercler, coupez 6 disques de pâte. Foncez les moules en faisant bien adhérer la pâte sur le bord. Recouvrez-les d'un rond de papier sulfurisé et garnissez-les de billes de cuisson ou de légumes secs.

Enfournez les tartelettes à blanc et faites cuire 20 minutes. Ôtez ensuite les billes de cuisson et le papier sulfurisé puis faites cuire encore 5 minutes.

Faites fondre 50 g de chocolat au bain-marie ou au micro-ondes. Sortez les tartelettes du four et badigeonnez l'intérieur de chocolat fondu. Laissez-les refroidir sur une grille.

Pendant ce temps, préparez la ganache : concassez le reste de chocolat dans un saladier. Ajoutez le beurre et la moitié de la pâte de praliné. Dans une casserole, portez à ébullition la crème fleurette puis versez-la dans le saladier. Laissez reposez 5 minutes. Fouettez ensuite la ganache pour bien l'homogénéiser.

Tartinez chaque fond de tartelette avec le reste de pâte de praliné, parsemez un peu de pralin et versez la ganache par-dessus. Laissez prendre 2 heures minimum au réfrigérateur.

FLAN PÂTISSIER

PRÉPARATION : 25 MINUTES
CUISSON : 30 MINUTES
REPOS : 35 MINUTES

Pour 6 à 8 personnes

Pour la pâte sucrée
- 15 g de poudre d'amandes
- 200 g de farine
- 1 petit œuf (40 g)
- 100 g de beurre à température
- 50 g de sucre glace
- 1 pincée de sel

Pour l'appareil à flan
- 80 g de fécule de maïs
- 5 œufs
- 30 cl de lait
- 30 cl de crème fleurette
- 1 gousse de vanille
- 170 g de sucre semoule

Réalisez la pâte : dans la cuve d'un robot muni de la feuille (accessoire pour mélanger), déposez le beurre coupé en dés et le sucre glace. Mélangez jusqu'à ce que la préparation soit crémeuse. Ajoutez la farine et le sel tamisés ensemble et mélangez rapidement. Ajoutez l'œuf puis la poudre d'amandes en mélangeant bien à chaque fois. Déposez la pâte sur le plan de travail fariné, travaillez-la légèrement puis formez une boule. Enveloppez-la de film alimentaire et laissez-la reposer 30 minutes au réfrigérateur.

Pendant ce temps, préparez l'appareil à flan : fendez la gousse de vanille dans la longueur et prélevez les graines. Placez la gousse et les graines dans une casserole, ajoutez le lait et portez à ébullition. Éteignez le feu et laissez infuser 10 minutes.

Dans un saladier, fouettez vivement les œufs avec le sucre et la fécule de maïs. Versez doucement par-dessus le lait vanillé puis la crème fleurette en fouettant. Transvasez cette préparation dans la casserole et faites cuire à feu doux en fouettant sans cesse jusqu'à ce que la crème épaississe légèrement. Débarrassez-la dans un saladier, filmez au contact de la crème et laissez refroidir.

Préchauffez le four à 210 °C (th. 7).

Abaissez rapidement la pâte sur le plan de travail fariné puis déposez-la dans un moule à manqué. Placez 5 minutes au réfrigérateur.

Ôtez la gousse de vanille de la crème ; fouettez-la puis versez-la sur la pâte et lissez la surface à l'aide d'une spatule. Enfournez et faites cuire 20 minutes. Augmentez la température à 240 °C (th. 8) et continuez la cuisson 10 minutes. Laissez refroidir le flan avant de démouler.

TARTE BOURDALOUE

PRÉPARATION : 35 MINUTES
CUISSON : 30 MINUTES
REPOS : 35 MINUTES

Pour 8 personnes

Pour les poires pochées
- 4 poires mûres mais fermes
- 1 gousse de vanille
- 100 g de sucre semoule

Pour la pâte
- 200 g de farine
- 15 g de poudre d'amandes
- 1 petit œuf (40 g)
- 100 g de beurre à température
- 50 g de sucre semoule
- 1 pincée de sel

Pour la crème d'amandes
- 100 g de poudre d'amandes
- 2 œufs
- 100 g de beurre en pommade
- 100 g de sucre semoule

Réalisez les poires pochées : épluchez les poires. Dans une casserole, versez 1 litre d'eau. Ajoutez le sucre et la gousse de vanille fendue dans la longueur puis portez à ébullition. Plongez les poires entières dans la casserole et faites-les cuire 15 minutes à feu moyen. Égouttez-les, coupez-les en deux, ôtez le cœur et détaillez-les en lamelles.

Préparez la crème d'amandes : dans un saladier, mélangez la poudre d'amandes, le beurre et le sucre. Ajoutez les œufs en mélangeant bien de façon à obtenir une crème onctueuse.

Réalisez la pâte : dans un saladier, fouettez le beurre coupé en dés et le sucre jusqu'à l'obtention d'un mélange crémeux. Ajoutez la farine et le sel puis mélangez. Ajoutez l'œuf et la poudre d'amandes. Mélangez à nouveau. Formez une boule, aplatissez-la légèrement puis enveloppez de film alimentaire. Placez 30 minutes au réfrigérateur.

Préchauffez le four à 180 °C (th. 6).

Abaissez finement la pâte sur le plan de travail fariné puis déposez-la dans le moule. Piquez-la avec une fourchette et laissez-la reposer 5 minutes au réfrigérateur.

Garnissez le fond de tarte avec la crème d'amandes puis disposez harmonieusement les poires en les enfonçant légèrement. Enfournez et faites cuire 30 minutes.

TARTE FIGUE-PÉCAN

TARTELETTES AUX MIRABELLES, VANILLE ET TONKA

TARTE FIGUES-PÉCAN

PRÉPARATION : 25 MINUTES
CUISSON : 30 MINUTES
REPOS : 30 MINUTES

Pour 8 personnes

Pour la pâte sablée
- 40 g de noix de pécan
- 150 g de farine
- 1 petit œuf
- 90 g de beurre à température
- 90 g de sucre semoule
- 1 pincée de sel

Pour la garniture
- 16 figues
- 50 g de noix de pécan
- 20 g de sucre de canne
- 1 sachet de sucre vanillé

Réalisez la pâte : mixez les noix de pécan pour obtenir une poudre fine.

Dans un saladier, versez la farine et la poudre de noix de pécan. Ajoutez le beurre coupé en dés et sablez avec la paume des mains de façon à obtenir un mélange granuleux. Faites un puits au milieu et ajoutez le sucre, le sel et l'œuf battu. Mélangez le tout sans travailler la pâte trop longuement. Formez une boule, aplatissez-la légèrement puis enveloppez de film alimentaire. Placez 30 minutes au réfrigérateur.

Pendant ce temps, préparez la garniture : rincez les figues et coupez-les en quatre. Mixez les noix de pécan avec le sucre de canne et le sucre vanillé.

Préchauffez le four à 170 °C (th. 5-6).

Sur le plan de travail fariné, abaissez la pâte en un grand cercle. Déposez-le sur une plaque de cuisson recouverte de papier sulfurisé.

Saupoudrez le fond de pâte de mélange sucre-pécan puis disposez harmonieusement les quartiers de figue. Enfournez et faites cuire 30 minutes.

TARTELETTES AUX MIRABELLES, VANILLE ET TONKA

PRÉPARATION : 35 MINUTES
CUISSON : 25 MINUTES
REPOS : 30 MINUTES

Pour 6 tartelettes

Pour la pâte sablée
- 200 g de farine
- 50 g de poudre de noisettes
- 1 œuf
- 125 g de beurre à température
- 125 g de sucre semoule
- 1 pincée de sel

Pour la garniture
- 600 g de mirabelles
- 1 gousse de vanille
- ¼ de fève tonka
- Le jus de 1 citron
- 50 g de sucre de canne

Réalisez la pâte : dans un saladier, versez la farine et la poudre de noisettes. Ajoutez le beurre coupé en dés et sablez avec la paume des mains de façon à obtenir un mélange granuleux. Faites un puits au milieu et ajoutez le sucre, le sel et l'œuf battu. Mélangez sans travailler la pâte trop longuement. Formez une boule, aplatissez-la légèrement et enveloppez-la de film alimentaire. Placez 30 minutes au réfrigérateur.

Préparez la garniture : rincez les mirabelles, coupez-les en deux et dénoyautez-les. Arrosez-les de jus de citron. Râpez la fève tonka. Fendez la gousse de vanille dans la longueur et prélevez les graines. Mélangez le sucre avec la fève tonka et les graines.

Préchauffez le four à 180 °C (th. 6).

Abaissez la pâte sur le plan de travail fariné. Foncez 6 moules à tartelettes. Disposez harmonieusement les mirabelles sur les fonds de tartelettes en les serrant bien puis saupoudrez-les avec le sucre parfumé. Enfournez et faites cuire 35 minutes. Laissez les tartelettes refroidir sur une grille.

TARTE AU CHOCOLAT, CARAMEL ET FLEUR DE SEL

PRÉPARATION : 25 MINUTES
CUISSON : 25 MINUTES
REPOS : 4 H 40

Pour 6 à 8 personnes

Pour la pâte sucrée
- 200 g de farine
- 15 g de poudre d'amandes
- 1 petit œuf (40 g)
- 100 g de beurre demi-sel à température
- 50 g de sucre glace
- 1 pincée de sel

Pour la ganache
- 250 g de chocolat noir à pâtisser (concassé ou en pistoles)
- 30 cl de crème fleurette
- 20 g de beurre
- 75 g de sucre semoule
- 1 cuillerée à café de fleur de sel

Réalisez la pâte : dans la cuve d'un robot muni de la feuille (accessoire pour mélanger), déposez le beurre coupé en dés et le sucre glace. Mélangez jusqu'à ce que la préparation soit crémeuse. Ajoutez la farine et le sel tamisés ensemble et mélangez rapidement. Ajoutez l'œuf puis la poudre d'amandes en mélangeant bien à chaque fois. Déposez la pâte sur le plan de travail fariné, travaillez-la légèrement puis formez une boule. Enveloppez-la de film alimentaire et laissez-la reposer 30 minutes au réfrigérateur.

Préchauffez le four à 170 °C (th. 5-6).

Abaissez finement la pâte sur le plan de travail fariné puis déposez-la dans un moule à tarte. Piquez le fond de pâte avec une fourchette et laissez reposer 5 minutes au réfrigérateur.

Recouvrez le fond de tarte de papier sulfurisé puis garnissez de billes de cuisson ou de légumes secs. Enfournez à blanc et faites cuire 25 minutes. Laissez refroidir sur une grille.

Pendant ce temps, réalisez la ganache : dans un saladier, déposez le chocolat concassé (ou les pistoles) et le beurre. Dans une casserole, portez la crème fleurette à ébullition. Dans une autre casserole, faites chauffer le sucre jusqu'à ce qu'il caramélise. Versez alors la crème dessus et fouettez vivement jusqu'à ce que le mélange ne mousse plus. Laissez sur le feu pour bien dissoudre le caramel, puis versez cette crème dans le saladier avec le chocolat. Laissez reposer 5 minutes. Fouettez pour homogénéiser la ganache. Ajoutez la fleur de sel et mélangez brièvement.

Versez la ganache sur le fond de tarte précuit. Laissez prendre 4 heures au réfrigérateur.

TATIN AUX POMMES

PRÉPARATION : 20 MINUTES
REPOS : 1 HEURE
CUISSON : 55 MINUTES

Pour 6 à 8 personnes

Pour la pâte
- 250 g de farine
- 1 jaune d'œuf
- 125 g de beurre à température
- 1 cuillerée à soupe d'eau
- 50 g de sucre semoule
- 1 pincée de sel

Pour la garniture
- 8 pommes reinette
- 1 gousse de vanille
- 50 g de beurre
- 120 g de sucre semoule

Réalisez la pâte : dans un saladier, versez la farine, le sucre et le sel. Ajoutez le beurre coupé en dés et mélangez rapidement. Ajoutez l'eau et le jaune d'œuf et mélangez du bout des doigts puis avec la paume des mains jusqu'à ce que la pâte soit bien homogène. Formez une boule, filmez et placez 1 heure au réfrigérateur.

Pendant ce temps, épluchez les pommes, coupez-les en quatre et ôtez le cœur. Fendez la gousse de vanille dans la longueur et prélevez les graines à l'aide de la lame d'un couteau.

Dans une sauteuse, faites chauffer le sucre jusqu'à ce qu'il se transforme en caramel d'un joli blond doré. Ajoutez alors le beurre coupé en dés et les graines de vanille. Mélangez bien. Déposez les pommes dans la sauteuse et faites-les confire pendant 20 minutes à feu doux en les retournant régulièrement dans le caramel pour bien les enrober.

Préchauffez le four à 180 °C (th. 6).

Abaissez la pâte sur le plan de travail fariné. Disposez les pommes caramélisées dans un moule à manqué de 24 cm de diamètre, en les plaçant face bombée contre le moule. Recouvrez-les avec la pâte en rentrant bien les bords à l'intérieur. À l'aide d'une fourchette, piquez la pâte.

Enfournez et faites cuire 35 minutes. Laissez tiédir la tarte avant de la démouler en la retournant délicatement sur un plat.

Servez la Tatin avec de la glace vanille, de la crème fraîche ou de la chantilly.

TARTE À LA RHUBARBE

PRÉPARATION : 25 MINUTES
REPOS : 30 MINUTES
CUISSON : 45 MINUTES

Pour 6 à 8 personnes

Pour la pâte
- 200 g de farine
- 1 petit œuf (40 g)
- 100 g de beurre à température
- 50 g de sucre glace
- 1 pincée de sel

Pour la garniture
- 800 g de rhubarbe
- 1 gousse de vanille
- 50 g de beurre
- 70 g de sucre semoule

Pour l'appareil
- 1 cuillerée à soupe de fécule de maïs
- 2 œufs
- 20 cl de crème fraîche épaisse
- 40 g de sucre semoule

Pour la meringue italienne
- 100 g de blancs d'œufs
- 195 g de sucre semoule
- 4 cl d'eau

Préparez la pâte : dans un saladier, fouettez le beurre coupé en dés et le sucre jusqu'à l'obtention d'un mélange crémeux. Ajoutez la farine et le sel puis mélangez. Ajoutez l'œuf et mélangez à nouveau. Formez une boule, aplatissez-la légèrement puis enveloppez de film alimentaire. Placez 30 minutes au réfrigérateur.

Préchauffez le four à 180 °C (th. 6).

Abaissez la pâte sur le plan de travail fariné puis déposez-la dans un moule à tarte. Piquez le fond avec une fourchette et recouvrez-le d'un rond de papier sulfurisé ; garnissez de billes de cuisson ou de légumes secs. Enfournez à blanc et laissez cuire pendant 15 minutes.

Préparez la garniture : lavez la rhubarbe, essuyez-la et coupez-la en tronçons en enlevant les fils. Faites-les revenir 10 minutes à feu moyen dans une poêle avec le beurre et la gousse de vanille fendue dans la longueur. Ôtez la gousse, ajoutez le sucre et mélangez.

Préparez l'appareil : dans un saladier, fouettez les œufs et le sucre. Ajoutez la fécule et la crème. Mélangez.

Retirez le fond de tarte du four et débarrassez-le des billes de cuisson et du papier sulfurisé. Augmentez la température à 210 °C (th. 7). Placez les morceaux de rhubarbe sur le fond de tarte et versez l'appareil par-dessus. Enfournez à nouveau et faites cuire 30 minutes environ : la tarte doit être bien dorée. Laissez-la refroidir sur une grille.

Réalisez la meringue italienne comme expliqué p. 24.

À l'aide d'une spatule ou d'une poche munie d'une douille (cannelée ou lisse), garnissez la tarte de meringue. Faites-la dorer à l'aide d'un chalumeau ou en la passant quelques minutes sous le gril du four.

TARTELETTES AUX PÊCHES ET CRÈME DE TURRÓN

PRÉPARATION : 30 MINUTES
CUISSON : 25 MINUTES
REPOS : 30 MINUTES

Pour 6 personnes

- 4 pêches
- 50 g de sucre semoule

Pour la pâte sablée
- 200 g de farine
- 50 g de poudre d'amandes
- 1 œuf
- 125 g de beurre à température
- 125 g de sucre semoule
- 1 pincée de sel

Pour la crème de turrón
- 30 g de turrón
- 50 g de chocolat blanc

Réalisez la pâte : dans un saladier, versez la farine et la poudre d'amandes. Ajoutez le beurre coupé en dés et sablez avec la paume des mains de façon à obtenir un mélange granuleux. Faites un puits au milieu et ajoutez le sucre, le sel et l'œuf battu. Mélangez le tout sans travailler la pâte trop longuement. Formez une boule, aplatissez-la légèrement et enveloppez de film alimentaire. Placez 30 minutes au réfrigérateur.

Pendant ce temps, préparez la crème de turrón : faites fondre le chocolat blanc concassé au bain-marie ou au micro-ondes. Ajoutez le turrón en petits morceaux. Mixez le tout.

Rincez les pêches, coupez-les en deux, dénoyautez-les et coupez-les en lamelles.

Préchauffez le four à 175 °C (th. 5-6).

Sur le plan de travail fariné, abaissez la pâte. À l'aide d'un emporte-pièce, coupez 6 disques de pâte et déposez-les sur une plaque de cuisson recouverte de papier sulfurisé. Étalez la crème de turrón sur les tartelettes et répartissez harmonieusement les lamelles de pêches. Saupoudrez de sucre. Enfournez et faites cuire 25 minutes.

TARTE CHOCOLAT-FRAMBOISES

PRÉPARATION : 40 MINUTES
CUISSON : 25 MINUTES
REPOS : 4 H 35

Pour 6 à 8 personnes

- 125 g de framboises

Pour la pâte sucrée

- 200 g de farine
- 15 g de poudre d'amandes
- 1 petit œuf (40 g)
- 100 g de beurre demi-sel à température
- 50 g de sucre glace
- 1 pincée de sel

Pour la ganache

- 125 g de framboises
- 75 g de chocolat noir à pâtisser
- 75 g de chocolat au lait
- 12 cl de crème fleurette
- 20 g de beurre

Pour le coulis de framboises

- 80 g de framboises
- 1 feuille de gélatine
- 5 cl d'eau
- 10 g de sucre semoule

Réalisez la pâte : dans la cuve d'un robot muni de la feuille (accessoire pour mélanger), déposez le beurre coupé en dés et le sucre glace. Mélangez jusqu'à ce que la texture soit crémeuse. Versez la farine et le sel et mélangez rapidement. Ajoutez enfin l'œuf puis la poudre d'amandes en mélangeant bien à chaque fois. Lorsque la pâte est homogène, travaillez-la légèrement sur le plan de travail puis formez une boule. Enveloppez-la de film alimentaire et laissez-la reposer 30 minutes au réfrigérateur.

Préchauffez le four à 170 °C (th. 5-6).

Abaissez la pâte sur le plan de travail fariné et déposez-la dans un moule à tarte. Piquez-la avec une fourchette puis laissez reposer 5 minutes au réfrigérateur.

Recouvrez le fond de tarte d'un rond de papier sulfurisé puis garnissez de billes de cuisson ou de légumes secs. Enfournez et faites cuire 25 minutes. Laissez refroidir sur une grille.

Préparez la ganache : dans un saladier, concassez les deux chocolats et ajoutez le beurre. Dans une casserole, portez à ébullition la crème fleurette avec les framboises. Mixez et filtrez. Versez ce mélange encore chaud dans le saladier et laissez reposer 5 minutes. Fouettez ensuite pour homogénéiser la ganache. Versez-la sur le fond de tarte et laissez prendre 3 heures au réfrigérateur.

Disposez les framboises sur la ganache prise en les plaçant à l'envers de manière à pouvoir les garnir.

Préparez le coulis : réhydratez la gélatine 10 minutes dans un bol d'eau froide. Dans une casserole, portez à ébullition les framboises avec l'eau et le sucre. Hors du feu, ajoutez la gélatine essorée et mélangez pour la dissoudre totalement. Mixez pour obtenir un coulis. Répartissez-le dans les framboises puis faites prendre 1 heure au réfrigérateur.

Biscuits

et petits gâteaux

MACARONS

PRÉPARATION : 35 MINUTES
CUISSON : 10 À 12 MINUTES
RÉFRIGÉRATION : 9 HEURES

Pour 15 macarons environ

Pour les coques
- 75 g de poudre d'amandes
- 60 g de blancs d'œufs à température
- 2,5 cl d'eau
- 95 g de sucre semoule
- 75 g de sucre glace

Pour la ganache vanille
- 1 gousse de vanille
- 100 g de chocolat blanc de couverture
- 50 g de crème fleurette

Préchauffez le four à 140 °C (th. 4-5).

Réalisez les coques : montez 30 g de blancs d'œufs en neige avec 20 g de sucre semoule.

Dans une casserole, portez à ébullition le reste de sucre et l'eau afin d'obtenir un sirop à 110 °C. Versez-le aussitôt sur les blancs en neige et fouettez au batteur pendant 10 minutes.

Mixez la poudre d'amandes avec le sucre glace et tamisez. Versez dans un saladier et mélangez avec les blancs d'œufs restants. Incorporez délicatement les blancs en neige à l'aide d'une maryse en soulevant la pâte : elle doit être lisse et brillante.

Remplissez de pâte une poche à douille puis déposez 30 petites sphères de 2 cm de diamètre sur une plaque de cuisson recouverte de papier sulfurisé. Enfournez et faites cuire 10 à 12 minutes.

Réalisez la ganache : concassez le chocolat dans un saladier. Fendez la gousse de vanille dans la longueur et prélevez les graines à l'aide de la lame d'un couteau. Dans une casserole, portez à ébullition la crème fleurette avec la gousse et les graines. Ôtez la gousse et versez la crème sur le chocolat. Laissez reposer 5 minutes. Lissez ensuite la ganache puis placez-la 3 heures au réfrigérateur.

À l'aide d'une poche munie d'une douille lisse, garnissez 15 coques de ganache. Refermez-les avec les coques restantes. Réfrigérez-les 6 heures avant dégustation.

Les saveurs des macarons se déclinent à l'infini. Variez le parfum des ganaches (utilisez de la confiture pour un résultat plus fruité). Vous pouvez aussi colorer les coques avec des colorants (en poudre de préférence) que vous incorporerez au moment de monter les blancs en neige.

COOKIES FONDANTS

COOKIES SABLÉS CHOCO-NOISETTES

COOKIES FONDANTS

PRÉPARATION : 15 MINUTES
CUISSON : 12 MINUTES

Pour une dizaine de cookies

- 200 g de pépites de chocolat
- 250 g de farine
- 1 petit œuf
- ½ cuillerée à café d'extrait de vanille
- 150 g de beurre en pommade
- 100 g de sucre semoule
- 50 g de vergeoise blonde

Préchauffez le four à 140 °C (th. 4-5).

Dans un saladier, fouettez le beurre avec les sucres pendant 3 minutes afin d'obtenir un mélange bien crémeux. Ajoutez l'œuf, l'extrait de vanille puis la farine en fouettant bien entre chaque ajout. Incorporez les pépites de chocolat. Formez une boule.

Prélevez des petites boules de pâte à l'aide d'une cuillère à glace et déposez-les sur une plaque de cuisson recouverte de papier sulfurisé.

Enfournez les cookies et faites cuire 12 minutes. Laissez-les refroidir puis déposez-les sur une grille.

COOKIES SABLÉS CHOCO-NOISETTES

PRÉPARATION : 15 MINUTES
CUISSON : 15 MINUTES
REPOS : 1 HEURE

Pour une trentaine de cookies

- 130 g de chocolat au lait
- 100 g de noisettes
- 250 g de farine
- ½ sachet de levure chimique
- 2 jaunes d'œufs
- 250 g de beurre en pommade
- 150 g de sucre de canne
- 2 pincées de sel

Préchauffez le four à 180 °C (th. 6).

Concassez les noisettes et le chocolat.

Dans un saladier, travaillez le beurre avec une spatule. Ajoutez le sucre de canne et le sel et mélangez bien. Incorporez ensuite les jaunes d'œufs puis la farine et la levure en mélangeant bien entre chaque ajout. Ajoutez enfin les noisettes et le chocolat concassés. Lorsque la pâte est bien homogène, formez un boudin et placez 1 heure au réfrigérateur.

Coupez le boudin de pâte en tronçons de 1 cm d'épaisseur et déposez-les sur une plaque de cuisson recouverte de papier sulfurisé. Enfournez et faites cuire 15 minutes. Laissez les cookies refroidir puis déposez-les sur une grille.

BISCUITS FOURRÉS CHOCOLAT-NOISETTES

PRÉPARATION : 25 MINUTES
CUISSON : 14 MINUTES
REPOS : 3 HEURES

Pour 20 biscuits environ

Pour la pâte
- 250 g de farine
- 1 œuf
- 1 cuillerée à café d'extrait de vanille
- 125 g de beurre
- 140 g de vergeoise blonde
- 2 pincées de fleur de sel

Pour la ganache
- 100 g de chocolat au lait
- 30 g de pâte de noisettes
- 8 cl de crème fleurette
- 15 g de beurre

Préparez la pâte : dans un bol, battez l'œuf avec l'extrait de vanille. Dans un saladier, mélangez la farine, la vergeoise et la fleur de sel. Ajoutez l'œuf battu et travaillez du bout des doigts. Incorporez le beurre coupé en dés. Lorsque la pâte est homogène, formez une boule et aplatissez-la. Enveloppez-la de film alimentaire et placez 2 heures au réfrigérateur.

Pendant ce temps, préparez la ganache : concassez le chocolat dans un saladier. Ajoutez le beurre et la pâte de noisettes. Dans une casserole, faites bouillir la crème fleurette puis versez-la aussitôt dans le saladier. Laissez reposer 5 minutes. Fouettez ensuite pour homogénéiser la ganache. Laissez refroidir.

Préchauffez le four à 160 °C (th. 5-6).

Abaissez finement la pâte sur le plan de travail fariné. Coupez 40 disques de 6 cm de diamètre et déposez-les sur une plaque de cuisson recouverte de papier sulfurisé. Enfournez et faites cuire 14 minutes : ils doivent être bien dorés. Laissez-les refroidir sur une grille.

Fouettez la ganache puis mettez-la dans une poche munie d'une douille lisse.

Recouvrez la moitié des biscuits d'une fine couche de ganache (3 mm d'épaisseur) puis recouvrez avec 1 biscuit nature. Pressez légèrement pour faire adhérer entre les deux biscuits. Laissez prendre 1 heure au réfrigérateur.

TUILES AUX AMANDES

PRÉPARATION : 15 MINUTES
CUISSON : 10 MINUTES
REPOS : 30 MINUTES

Pour une dizaine de tuiles

- 125 g d'amandes effilées
- 15 g de farine
- 2 blancs d'œufs
- 25 g de beurre
- 80 g de sucre semoule

Faites fondre le beurre au bain-marie ou au micro-ondes.

Dans un saladier, mélangez les amandes effilées, le sucre et la farine. Ajoutez les blancs d'œufs et mélangez vivement. Incorporez le beurre fondu refroidi. Laissez reposer la pâte 30 minutes au réfrigérateur.

Préchauffez le four à 180 °C (th. 6).

Sur une plaque de cuisson recouverte de papier sulfurisé, déposez des petits tas de pâte en les étalant finement de façon à former un rond ou un ovale. Enfournez et faites cuire 10 minutes.

Dès la sortie du four, décollez les tuiles et déposez-les sur une gouttière ou un rouleau à pâtisserie pour leur donner une forme arrondie. Laissez-les refroidir puis conservez-les dans une boîte hermétique.

SABLÉS, GLAÇAGE COLORÉ AU SUCRE

PRÉPARATION : 25 MINUTES
CUISSON : 10 MINUTES
REPOS : 3 H 30

Pour une vingtaine de sablés

Pour la pâte sucrée
- 200 g de farine
- 15 g de poudre d'amandes
- 1 petit œuf (40 g)
- ½ gousse de vanille
- 100 g de beurre
- 50 g de sucre glace
- 1 pincée de sel

Pour la glace royale
- 1 blanc d'œuf
- 200 g de sucre glace
- Colorant alimentaire

Préparez la pâte : fendez la gousse de vanille dans la longueur et prélevez les graines à l'aide de la lame d'un couteau. Dans la cuve d'un robot muni de la feuille (accessoire pour mélanger), déposez le beurre coupé en dés, le sucre glace et les graines de vanille. Mélangez jusqu'à ce que la texture soit crémeuse. Ajoutez la farine et le sel tamisés ensemble et mélangez à nouveau. Incorporez ensuite l'œuf puis la poudre d'amandes. Laissez tourner jusqu'à l'obtention d'une pâte homogène.

Sortez la pâte de la cuve et travaillez-la légèrement. Formez une boule, enveloppez-la de film alimentaire et laissez-la reposer 30 minutes au réfrigérateur.

Préchauffez le four à 170 °C (th. 5-6).

Abaissez finement la pâte sur le plan de travail fariné puis découpez des disques de 5 cm de diamètre à l'aide d'un emporte-pièce. Déposez-les sur une plaque de cuisson recouverte de papier sulfurisé. Enfournez et faites cuire 10 minutes. Laissez-les refroidir sur une grille.

Préparez la glace royale : déposez le sucre glace et le blanc d'œuf dans la cuve du robot et fouettez pendant 5 minutes. Versez un peu d'eau, goutte après goutte, jusqu'à ce que le glaçage soit bien lisse et d'une bonne tenue (il ne doit pas s'étaler facilement). Colorez la glace royale avec une pointe de colorant.

À l'aide d'une poche munie d'une douille très fine, glacez les biscuits en commençant par le centre et en formant une spirale autour, afin de les recouvrir totalement. Laissez-les sécher 3 heures minimum à température ambiante avant de déguster.

SABLÉS DIAMANT À LA VANILLE

PETITS FOURS À LA CONFITURE
PALETS BRETONS

SABLÉS DIAMANT À LA VANILLE

PRÉPARATION : 20 MINUTES
CUISSON : 15 MINUTES
REPOS : 1 HEURE

Pour une vingtaine de sablés

- 250 g de farine
- 1 gousse de vanille
- 175 g de beurre en pommade
- 80 g de sucre semoule
- Sucre cristallisé
- 2 pincées de fleur de sel

Fendez la gousse de vanille dans la longueur et prélevez les graines à l'aide de la lame d'un couteau.

Dans un saladier, déposez le beurre coupé en dés, le sucre semoule, la fleur de sel et les graines de vanille. Mélangez le tout à l'aide d'une maryse jusqu'à ce que la texture soit bien crémeuse. Ajoutez la farine et travaillez rapidement la pâte de manière à former une boule. Partagez-la en deux pâtons, roulez-les en boudins de 3 cm de diamètre puis enveloppez-les de film alimentaire. Placez au moins 1 heure au réfrigérateur.

Préchauffez le four à 170 °C (th. 5-6).

Saupoudrez uniformément de sucre cristallisé une plaque de cuisson recouverte de papier sulfurisé. Ôtez le film alimentaire et roulez les deux boudins de pâte dans le sucre puis détaillez-les en rondelles de 1 cm d'épaisseur. Débarrassez la plaque du reste de sucre cristallisé puis déposez les biscuits dessus. Enfournez et faites cuire 15 minutes : ils doivent être à peine dorés. Laissez-les refroidir sur une grille.

PETITS FOURS À LA CONFITURE

PRÉPARATION : 20 MINUTES
CUISSON : 15 MINUTES

Pour une trentaine de biscuits

- 200 g de farine
- 1 jaune d'œuf
- ½ cuillerée à café d'extrait de vanille
- 4 cuillerées à soupe de confiture au choix
- 75 g de beurre en pommade
- 75 g de sucre semoule

Préchauffez le four à 180 °C (th. 6).

Dans un saladier, fouettez le jaune d'œuf avec le sucre et l'extrait de vanille. Ajoutez le beurre et fouettez à nouveau. Incorporez la farine et pétrissez la pâte jusqu'à l'obtention d'une boule.

Prélevez des petites boules de pâte de 20 g chacune, roulez-les dans la paume des mains et écrasez-les légèrement. Formez un petit creux au milieu en appuyant avec le doigt et garnissez-le de confiture.

Enfournez les petits fours et laissez cuire 15 minutes.

PALETS BRETONS

PRÉPARATION : 10 MINUTES
CUISSON : 22 MINUTES
REPOS : 12 HEURES

Pour une vingtaine de biscuits

- 250 g de farine
- ½ sachet de levure chimique
- 4 jaunes d'œufs
- 180 g de beurre en pommade
- 140 g de sucre semoule
- 1 cuillerée à café de fleur de sel

La veille, placez le beurre et le sucre dans la cuve d'un robot muni de la feuille (accessoire pour mélanger), et fouettez 3 minutes. Ajoutez les jaunes d'œufs, la farine, le sel et la levure en mélangeant bien entre chaque ajout. Laissez tourner le robot jusqu'à formation d'une boule. Fractionnez la boule en deux et formez 2 boudins de 5 cm de diamètre. Enveloppez-les de film alimentaire et placez-les toute la nuit au réfrigérateur.

Le jour même, préchauffez le four à 165 °C (th. 5-6).

Ôtez le film alimentaire et découpez les boudins en rondelles de 1 cm d'épaisseur. Déposez chaque rondelle dans un moule à cercler placé sur une plaque recouverte de papier sulfurisé. Enfournez et faites cuire 22 minutes. Démoulez et laissez refroidir sur une grille.

BISCUITS CRAQUELÉS AU CHOCOLAT

PRÉPARATION : 20 MINUTES
CUISSON : 14 MINUTES
REPOS : 2 HEURES

Pour une trentaine de biscuits

- 110 g de chocolat noir à pâtisser
- 25 de cacao en poudre amer
- 90 g de farine
- 1 cuillerée à café de levure chimique
- 1 œuf
- 40 g de lait
- 60 g de beurre en pommade
- 140 g de cassonade
- Sucre semoule
- Sucre glace

Faites fondre le chocolat noir au bain-marie ou au micro-ondes.

Dans un saladier, mélangez la farine avec la levure et le cacao.

Dans un autre saladier, fouettez le beurre et la cassonade pendant 2 minutes afin d'obtenir un mélange crémeux. Ajoutez l'œuf puis le chocolat fondu en mélangeant bien. Incorporez ensuite en alternant le mélange farine-cacao et le lait en fouettant entre chaque ajout. Filmez la pâte et placez 2 heures au réfrigérateur.

Préchauffez le four à 180 °C (th. 6).

Remplissez 2 assiettes de sucre semoule et de sucre glace.

Formez des petites boules de pâte et roulez-les dans le sucre semoule puis dans le sucre glace. Placez-les sur une plaque de cuisson recouverte de papier sulfurisé. Enfournez les biscuits et faites cuire 14 minutes.

SABLÉS AUX FRUITS SECS

SABLÉS AUX ÉPICES DE NOËL

SABLÉS AUX FRUITS SECS

PRÉPARATION : 20 MINUTES
CUISSON : 10 MINUTES
REPOS : 2 HEURES

Pour une vingtaine de sablés

- 250 g de farine
- 50 g de fruits secs
- 60 g de raisins secs
- 2 jaunes d'œufs
- 1 blanc d'œuf
- 140 g de beurre en pommade
- 150 g de sucre semoule
- 1 pincée de sel

Faites tremper les raisins secs dans un bol d'eau chaude.

Dans un saladier, malaxez le beurre avec 120 g de sucre. Ajoutez les jaunes d'œufs puis la farine et le sel. Pétrissez la pâte puis incorporez les fruits secs coupés en petits morceaux et les raisins égouttés. Formez une boule et enveloppez-la de film alimentaire. Laissez-la reposer 2 heures au réfrigérateur.

Préchauffez le four à 180 °C (th. 6).

Sur le plan de travail fariné, abaissez la pâte sur 1 cm d'épaisseur puis découpez des ronds à l'aide d'un emporte-pièce. Déposez-les sur une plaque de cuisson recouverte de papier sulfurisé.

Enfournez les sablés et faites cuire 10 minutes. Laissez-les refroidir sur une grille.

À l'aide d'un pinceau, badigeonnez les sablés de blanc d'œuf battu puis saupoudrez-les légèrement avec le reste de sucre.

SABLÉS AUX ÉPICES DE NOËL

PRÉPARATION : 10 MINUTES
CUISSON : 12 MINUTES
REPOS : 3 HEURES

Pour une quarantaine de sablés

- 250 g de farine
- 1 gros œuf
- ½ cuillerée à café de mélange d'épices à pain d'épices
- ½ cuillerée à café d'extrait de vanille
- 150 g de beurre
- 160 g de sucre semoule
- 2 pincées de fleur de sel

Dans un saladier, mélangez la farine, le sucre, les épices et le sel. Ajoutez l'œuf et l'extrait de vanille. Mélangez à nouveau. Ajoutez enfin le beurre coupé en dés et travaillez la pâte du bout des doigts. Formez une boule, aplatissez-la légèrement et enveloppez-la de film alimentaire. Placez-la 3 heures au réfrigérateur.

Préchauffez le four à 160 °C (th. 5-6).

Abaissez la pâte sur le plan de travail fariné puis découpez des formes à l'aide d'emporte-pièces de votre choix.

Déposez les biscuits sur une plaque de cuisson recouverte de papier sulfurisé. Enfournez et faites cuire 12 minutes. Laissez refroidir sur une grille.

SPÉCULOOS

PRÉPARATION : 25 MINUTES
CUISSON : 10 MINUTES
REPOS : 12 HEURES

Pour une trentaine de biscuits

- 250 g de farine
- 1 pincée de levure chimique
- 1 œuf
- 1 cuillerée à café de mélange quatre épices
- 1 cuillerée à café de cannelle en poudre
- 100 g de beurre
- 125 g de vergeoise brune
- 1 pincée de sel

Faites fondre le beurre au bain-marie ou au micro-ondes.

Dans un saladier, mélangez la farine, la vergeoise, les épices, le sel et la levure.

Dans un autre saladier, fouettez l'œuf avec le beurre fondu. Versez dans le saladier de farine et mélangez. Pétrissez la pâte jusqu'à ce qu'elle soit homogène. Formez une boule, aplatissez-la légèrement et enveloppez-la de film alimentaire. Placez-la toute la nuit au réfrigérateur.

Le jour même, préchauffez le four à 180 °C (th. 6).

Sur le plan de travail fariné, abaissez la pâte sur ½ cm d'épaisseur puis découpez des biscuits à l'aide d'emporte-pièces. Placez-les sur une plaque de cuisson recouverte de papier sulfurisé. Enfournez et faites cuire 10 minutes. Laissez les spéculoos refroidir sur une grille.

BACI DI DAMA

PRÉPARATION : 25 MINUTES
CUISSON : 15 MINUTES
REPOS : 1 HEURE

Pour 20 biscuits environ

- 120 g de farine
- 60 g de poudre de noisettes
- 1 pincée de bicarbonate de soude
- 90 g de beurre froid
- 30 g de sucre semoule
- 2 sachets de sucre vanillé
- 1 pincée de sel

Pour la ganache
- 100 g de chocolat noir à pâtisser
- 8 cl de crème fleurette
- 15 g de beurre

Réalisez la ganache : concassez le chocolat dans un grand bol et ajoutez le beurre. Dans une casserole, portez la crème fleurette à ébullition. Versez-la aussitôt dans le bol et laissez reposer 3 minutes. Mélangez ensuite vivement pour bien homogénéiser la ganache et réservez à température ambiante.

Dans un saladier, coupez le beurre en dés. Ajoutez les sucres semoule et vanillé, la poudre de noisettes, la farine, le bicarbonate et le sel. Sablez longuement du bout des doigts pour bien incorporer le beurre. Malaxez ensuite la pâte jusqu'à obtenir une boule. Filmez et placez 1 heure au réfrigérateur.

Préchauffez le four à 180 °C (th. 6).

Avec la pâte, formez 40 boulettes de 20 g environ. À l'aide d'un couteau, coupez-les en deux et déposez-les côté plat sur une plaque de cuisson recouverte de papier sulfurisé. Enfournez et faites cuire 15 minutes. Laissez-les refroidir sur une grille.

Fouettez vivement la ganache et déposez-la dans une poche munie d'une douille. Garnissez 20 biscuits du côté plat puis recouvrez-les avec un autre biscuit nature.

AMARETTI

PRÉPARATION : 20 MINUTES
CUISSON : 40 MINUTES
REPOS : 3 HEURES

Pour une vingtaine d'amaretti

- 200 g d'amandes émondées
- 1 blanc d'œuf
- ½ cuillerée à café d'extrait d'amande amère
- 1 pincée de bicarbonate de soude
- 130 g de sucre semoule
- Sucre glace

Remplissez une assiette creuse de sucre glace.

Mixez les amandes avec le sucre semoule afin d'obtenir une poudre assez fine. Placez-la dans un saladier. Ajoutez l'extrait d'amande amère et mélangez du bout des doigts pour bien répartir l'arôme. Incorporez le bicarbonate de soude puis le blanc d'œuf et mélangez bien le tout.

Formez des boules de pâte de 4 cm de diamètre et roulez-les dans le sucre glace. Déposez-les sur une plaque de cuisson recouverte de papier sulfurisé et laissez-les sécher 3 heures à température ambiante.

Préchauffez le four à 150 °C (th. 5).

Enfournez les amaretti et faites cuire 10 minutes puis baissez la température à 110 °C (th. 3-4) et poursuivez la cuisson 30 minutes. Laissez-les refroidir sur une grille.

SHORTBREADS

PRÉPARATION : 20 MINUTES
CUISSON : 15 MINUTES
REPOS : 2 H 20

Pour une vingtaine de shortbreads

- 200 g de farine
- 150 g de beurre ramolli
- 60 g de sucre glace
- ½ cuillerée à café de fleur de sel

Dans un saladier, travaillez le sucre glace avec le beurre à l'aide d'une spatule pour avoir une texture bien onctueuse. Ajoutez la farine et la fleur de sel et mélangez pour obtenir une pâte homogène. Formez une boule, aplatissez-la légèrement et enveloppez-la de film alimentaire. Placez-la 2 heures au réfrigérateur.

Sur le plan de travail fariné, abaissez la pâte sur 5 mm d'épaisseur puis découpez des disques de 3 cm de diamètre environ.

Déposez les biscuits sur une plaque de cuisson recouverte de papier sulfurisé. À l'aide d'une pique en bois, formez des petits trous au centre de chaque biscuit. Placez-les 20 minutes au réfrigérateur.

Préchauffez le four à 180 °C (th. 6).

Enfournez les shortbreads et faites cuire 15 minutes. Laissez-les refroidir sur une grille.

MERINGUES COLORÉES ET PARFUMÉES

PRÉPARATION : 15 MINUTES
CUISSON : 2 HEURES

Pour une trentaine de meringues

- 2 blancs d'œufs
- 100 g de sucre semoule
- 25 g de sucre glace tamisé
- Arôme alimentaire naturel (au choix)
- Colorant alimentaire liquide (ou en gel)

Préchauffez le four à 90 °C (th. 3).

Montez les blancs d'œufs en neige à vitesse moyenne pendant 2 minutes environ afin qu'ils commencent à se raffermir. Versez alors le sucre semoule en pluie ; ajoutez l'arôme et continuez de fouetter jusqu'à ce que les blancs soient très fermes. Incorporez à la spatule le sucre glace tamisé.

À l'aide d'un pinceau imprégné de colorant, réalisez des traits de couleur dans une poche munie d'une douille lisse. Remplissez la poche de meringue et déposez des petits tas espacés sur une plaque de cuisson recouverte de papier sulfurisé.

Enfournez les meringues et faites cuire pendant 2 heures (en veillant à ce qu'elles ne colorent pas). À la fin de la cuisson, laissez-les refroidir dans le four éteint : elles vont durcir en refroidissant.

BEIGNETS À LA VANILLE

PRÉPARATION : 20 MINUTES
CUISSON : 4 MINUTES
REPOS : 2 H 30

Pour une trentaine de beignets

- 350 g de farine
- 8 g de levure fraîche de boulanger
- 1 œuf
- 40 g de beurre en pommade
- 40 g de sucre semoule
- 7 cl de lait
- 7 cl d'eau
- 1 pincée de sel
- 1 gousse de vanille
- 1 litre d'huile pour la friture
- Sucre semoule ou glace pour saupoudrer

Émiettez la levure de boulanger dans une tasse et délayez-la avec un peu de lait.

Fendez la gousse de vanille dans la longueur et prélevez les graines à l'aide de la lame d'un couteau.

Dans un saladier, mélangez la farine, le sucre semoule, le sel et les graines de vanille. Versez le reste de lait et l'eau petit à petit en fouettant. Ajoutez l'œuf et mélangez. Incorporez ensuite le beurre et la levure délayée. Pétrissez la pâte pour qu'elle soit bien lisse et homogène. Laissez-la reposer 2 heures sous un torchon humide.

Sur le plan de travail fariné, abaissez la pâte sur 1,5 cm d'épaisseur puis découpez des disques de 2 cm de diamètre. Laissez-les reposer 30 minutes sous le torchon.

Faites chauffer l'huile de friture à 180 °C (lorsque vous jetez un petit bout de pâte dans l'huile, il doit remonter immédiatement à la surface). Faites cuire les beignets 2 minutes de chaque côté afin qu'ils soient bien dorés. Égouttez-les sur du papier absorbant. Saupoudrez-les de sucre semoule ou de sucre glace avant de les déguster.

CANNELÉS

PRÉPARATION : 20 MINUTES
CUISSON : 50 MINUTES ENVIRON
REPOS : 24 HEURES

Pour une quinzaine de cannelés

- 100 g de farine
- 1 œuf entier + 2 jaunes
- 50 cl de lait
- 1 gousse de vanille
- 1 cuillerée à soupe d'extrait de vanille
- 5 cl de rhum ambré
- 25 g de beurre
- 170 g de sucre blond
- Beurre pour les moules

La veille, fendez la gousse de vanille dans la longueur et prélevez les graines à l'aide de la lame d'un couteau.

Dans une casserole, portez à ébullition le lait avec le beurre, le rhum et la gousse de vanille. Éteignez le feu et laissez infuser 20 minutes.

Dans un saladier, fouettez le sucre blond avec les graines et l'extrait de vanille, l'œuf entier et les jaunes jusqu'à ce que le mélange mousse et blanchisse. Versez la farine et mélangez encore.

Portez à nouveau le lait infusé à ébullition. Ôtez la gousse de vanille et versez-le petit à petit sur le mélange précédent. Laissez reposer la pâte 24 heures au réfrigérateur.

Le jour même, préchauffez le four à 240 °C (th. 8).

Beurrez les moules à cannelés, puis placez-les au réfrigérateur 15 minutes. Beurrez-les à nouveau.

Mélangez une dernière fois la pâte puis répartissez-la dans les moules en vous arrêtant à 1 mm du bord. Enfournez et faites cuire 8 minutes puis baissez la température à 180 °C (th. 6) et poursuivez la cuisson 45 minutes. Démoulez les cannelés et laissez-les refroidir sur une grille.

FINANCIERS

PRÉPARATION : 15 MINUTES
CUISSON : 15 MINUTES
REPOS : 2 HEURES

Pour 20 financiers

- 35 g de farine
- 1 pincée de levure chimique
- 55 g de poudre d'amandes
- 3 blancs d'œufs (100 g)
- 100 g de beurre
- 110 g de sucre glace

Dans une casserole, faites fondre le beurre coupé en dés à feu moyen jusqu'à ce qu'il colore et devienne noisette. Filtrez-le pour enlever les impuretés et laissez-le tiédir.

Pendant ce temps, dans un saladier, mélangez à la spatule la farine, le sucre, la levure et la poudre d'amandes. Ajoutez les blancs d'œufs en fouettant légèrement. Versez le beurre noisette et mélangez encore. Laissez reposer la pâte 2 heures au réfrigérateur.

Préchauffez le four à 180 °C (th. 6).

Répartissez la pâte dans des moules à financiers. Enfournez et faites cuire 15 minutes. Démoulez les financiers et laissez-les refroidir sur une grille.

MADELEINES

PRÉPARATION : 15 MINUTES
CUISSON : 8 MINUTES
REPOS : 2 HEURES

Pour une vingtaine de madeleines

- 120 g de farine
- ½ sachet de levure chimique
- 3 œufs
- 1 gousse de vanille
- 120 g de beurre
- 120 g de sucre semoule

Faites fondre le beurre au bain-marie ou au micro-ondes.

Fendez la gousse de vanille dans la longueur et prélevez les graines à l'aide de la lame d'un couteau. Séparez les blancs d'œufs des jaunes.

Dans un saladier, mélangez la farine, la levure, le sucre et les graines de vanille. Ajoutez les jaunes d'œufs et mélangez à nouveau. Fouettez légèrement les blancs à la fourchette puis incorporez-les à la préparation. Versez le beurre fondu et mélangez jusqu'à l'obtention d'une pâte homogène. Laissez-la reposer 2 heures au réfrigérateur.

Préchauffez le four à 220 °C (th. 7).

Répartissez la pâte dans des moules à madeleines beurrés. Enfournez et faites cuire 4 minutes. Baissez ensuite la température à 180 °C (th. 6) et continuez la cuisson 4 minutes. Démoulez les madeleines et laissez-les refroidir sur une grille.

SCONES

PRÉPARATION : 15 MINUTES
CUISSON : 15 MIN

Pour une quinzaine de scones

- 500 g de farine
- 2 cuillerées à soupe de levure chimique
- 2 œufs
- 20 cl de lait + un peu pour badigeonner
- 80 g de beurre à température
- 80 g de sucre semoule
- 1 pincée de sel

Préchauffez le four à 200 °C (th. 6-7).

Battez les œufs dans un bol.

Dans un saladier, mélangez la farine avec la levure, le sucre et le sel. Ajoutez le beurre coupé en dés et travaillez du bout des doigts pour bien l'intégrer. Versez les œufs battus puis le lait. Mélangez et pétrissez rapidement la pâte afin qu'elle soit homogène.

Sur le plan de travail fariné, abaissez la pâte sur 2 cm d'épaisseur puis découpez des disques de 5 à 6 cm de diamètre. Déposez-les sur une plaque de cuisson recouverte de papier sulfurisé et badigeonnez le dessus avec un peu de lait.

Enfournez les biscuits et faites cuire 15 minutes jusqu'à ce qu'ils dorent. Laissez-les refroidir sur une grille. Servez-les accompagnés de beurre et de confiture.

MUFFINS AU CHOCOLAT

PRÉPARATION : 15 MINUTES
CUISSON : 15 MINUTES
REPOS : 1 HEURE

Pour une dizaine de muffins

- 100 g de pépites de chocolat
- 175 g de farine
- ½ sachet de levure chimique
- 50 g de poudre d'amandes
- 1 œuf
- 1 cuillerée à café d'extrait de vanille
- 20 cl de lait
- 75 g de sucre de canne
- 8 cl d'huile neutre
- 1 pincée de sel

Dans un saladier, mélangez la farine, la poudre d'amandes, le sucre, la levure et le sel.

Dans un autre saladier, mélangez l'œuf avec l'extrait de vanille et le lait. Versez peu à peu dans le saladier de farine en remuant. Ajoutez l'huile puis incorporez les pépites de chocolat. Laissez reposer la pâte pendant 1 heure au réfrigérateur.

Préchauffez le four à 210 °C (th. 7).

Répartissez la pâte dans des moules à muffins en les remplissant aux trois quarts. Enfournez et faites cuire 15 minutes. Démoulez les muffins et laissez-les refroidir sur une grille.

CUPCAKES PRALINÉ-CHOCOLAT

MILLIONNAIRES SHORTBREADS

CUPCAKES PRALINÉ-CHOCOLAT

PRÉPARATION : 25 MINUTES
CUISSON : 40 MINUTES
REPOS : 2 HEURES

Pour 10 cupcakes environ

Pour la pâte
- 70 g de farine
- ½ sachet de levure chimique
- 200 g de chocolat noir à pâtisser
- 50 g de pâte de praliné
- 3 œufs
- 120 g de beurre en pommade
- 80 g de sucre semoule

Pour le glaçage
- 200 g de chocolat au lait
- 2 cuillerées à soupe de pâte de praliné
- 15 cl de crème liquide entière
- 25 g de beurre
- 10 noisettes pour la déco

Préparez le glaçage : râpez grossièrement le chocolat au lait dans un saladier. Ajoutez le beurre coupé en dés et la pâte de praliné. Dans une casserole sur feu doux, faites chauffer la crème liquide jusqu'à ébullition en remuant. Versez-la aussitôt sur le chocolat, couvrez et laissez reposer 2 minutes. Fouettez ensuite pour bien homogénéiser la ganache. Laissez refroidir puis réservez 2 heures minimum au réfrigérateur.

Pendant ce temps, préchauffez le four à 150 °C (th. 5).

Déposez les noisettes sur une plaque de cuisson et faites-les griller au four 20 minutes en les remuant de temps en temps. Débarrassez-les sur une assiette. Augmentez la température du four à 180 °C.

Préparez la pâte à cupcakes : faites fondre le chocolat concassé au bain-marie ou au micro-ondes.

Dans un saladier, mélangez la farine et la levure.

Dans un autre saladier, fouettez les œufs avec le sucre. Ajoutez le chocolat fondu puis le beurre. Incorporez enfin la farine et fouettez la pâte pour qu'elle soit bien homogène.

Versez la pâte dans des moules à cupcakes jusqu'à la moitié ; déposez 1 cuillerée à café de praliné puis recouvrez de pâte jusqu'aux trois quarts des moules. Enfournez et faites cuire 15 à 20 minutes selon leur taille. Laissez-les refroidir.

Remplissez de ganache une poche munie d'une douille cannelée puis décorez joliment les cupcakes. Déposez sur le dessus 1 noisette torréfiée.

MILLIONNAIRES SHORTBREADS

PRÉPARATION : 40 MINUTES
CUISSON : 25 MINUTES
REPOS : 4 H 20

Pour une quinzaine de barres

Pour le biscuit
- 200 g de farine
- 150 g de beurre ramolli
- 60 g de sucre glace
- 1 pincée de fleur de sel

Pour le caramel
- 40 cl de lait concentré sucré
- 1 gousse de vanille
- 130 g de beurre
- 100 g de sucre de canne
- 1 belle pincée de fleur de sel

Pour le glaçage
- 200 g de chocolat au lait
- 50 g de chocolat noir

Préparez le biscuit : dans un saladier, travaillez le sucre glace avec le beurre à l'aide d'une spatule pour obtenir un mélange bien onctueux. Ajoutez la farine et la fleur de sel. Mélangez jusqu'à l'obtention d'une pâte homogène. Formez une boule, aplatissez-la légèrement et enveloppez-la de film alimentaire. Placez-la 2 heures au réfrigérateur.

Sur le plan de travail fariné, abaissez la pâte en un grand rectangle de 5 mm d'épaisseur. Déposez-le dans un plat carré pouvant passer au four recouvert de papier sulfurisé. Piquez la pâte avec une fourchette et réservez 20 minutes au réfrigérateur.

Préchauffez le four à 180 °C (th. 6).

Enfournez la pâte et laissez cuire 25 minutes.

Pendant ce temps, préparez le caramel : fendez la gousse de vanille dans la longueur et prélevez les graines à l'aide de la lame d'un couteau. Dans une casserole, faites fondre le sucre à feu moyen jusqu'à ce qu'il caramélise. Ajoutez le beurre coupé en dés, le sel et les graines de vanille. Mélangez et ajoutez le lait concentré. Laissez cuire 10 minutes. Versez le caramel chaud sur le gâteau cuit et laissez refroidir. Placez 2 heures au réfrigérateur.

Réalisez le glaçage : faites fondre le chocolat au lait au bain-marie ou au micro-ondes et versez-le en fine couche sur le caramel. Une fois le chocolat au lait figé, faites fondre le chocolat noir et décorez la surface du gâteau de petits traits de chocolat. Laissez prendre avant de couper en barres.

ICE CREAM SANDWICHES

PRÉPARATION : 20 MINUTES
CUISSON : 12 MINUTES
REPOS : 6 HEURES

Pour 20 sandwiches environ

- 50 cl de glace vanille

Pour la pâte
- 230 g de farine
- 1 gros œuf
- 20 g de cacao amer en poudre
- ½ cuillerée à café d'extrait de vanille
- 150 g de beurre
- 160 g de sucre semoule

Dans un saladier, mélangez la farine, le sucre et le cacao. Ajoutez l'œuf et l'extrait de vanille. Mélangez à nouveau. Ajoutez ensuite le beurre coupé en dés et travaillez la pâte du bout des doigts pour bien l'incorporer. Formez une boule, aplatissez-la légèrement et enveloppez-la de film alimentaire. Placez-la 3 heures au réfrigérateur.

Préchauffez le four à 160 °C (th. 5-6).

Abaissez la pâte sur le plan de travail fariné puis découpez 40 ronds à l'aide d'un emporte-pièce. Déposez-les sur une plaque de cuisson recouverte de papier sulfurisé.

Enfournez les biscuits et faites cuire 12 minutes. Laissez-les refroidir.

Travaillez rapidement la glace à la spatule pour qu'elle soit souple. Remplissez de glace une poche munie d'une douille lisse et garnissez 10 biscuits. Refermez chaque sandwich avec un deuxième biscuit. Réservez 3 heures minimum au réfrigérateur.

Vous pouvez remplacer la glace parfum vanille par le parfum de votre choix.

INDEX DES RECETTES

A

B

C

D

E

F

G

I

M

P

Q

R

S

T

V

QUELQUES CONSEILS

Pour réaliser des gâteaux maison, il n'est pas indispensable d'être équipé comme un pâtissier de métier. Toutefois, voici quelques conseils tirés de mon expérience pour vous orienter dans le choix de vos ustensiles.

MOULES

Préférez les moules à revêtement antiadhésif ou en métal blanc plutôt qu'en silicone pour une cuisson optimale de vos pâtisseries (à moins que vous n'optiez pour des moules en silicone professionnels, plus onéreux mais de meilleure qualité).

Soyez vigilant à la forme des moules que vous choisissez. Par exemple, un cake sera beaucoup plus élégant cuit dans un moule à bord droit que dans un moule à bord évasé ou un moule en silicone trop souple.

THERMOMÈTRE À SUCRE

Il n'est certes pas utile pour toutes les recettes, mais il est indispensable pour réaliser les recettes à base de meringue italienne (macarons, tartes meringuées, crème au beurre...). Son utilisation est occasionnelle mais son aide précieuse !

ROBOT

Si vous consacrez beaucoup de temps à la pâtisserie, un robot est un excellent investissement. Il n'est pas toujours donné à l'achat mais il y a des chances qu'il devienne votre meilleur assistant en cuisine. Je l'utilise presque systématiquement pour faire mes pâtes (sucrée, sablée, à choux, à brioche) et, lorsque je dois fouetter meringue italienne ou crème fleurette pendant plusieurs minutes, je lui dois toute ma reconnaissance !

LES USTENSILES INDISPENSABLES

Liste (non exhaustive) des ustensiles à glisser dans votre placard pour vous lancer dans la pâtisserie :

- Une balance électronique fiable et précise, idéalement avec l'option « tare » pour faciliter vos pesées, et un verre doseur pour les liquides.

- Divers moules : à cake, à manqué rond et carré, à tarte cannelé (ou cercle à tarte), à cercler rond, grand format et individuels, à charlotte, à madeleines, à financiers, à muffins, à cannelés.

- Des emporte-pièces ronds et de formes variées (étoiles, animaux...).

- Des ustensiles tels que maryse, fouet, cuillère en bois, poches à douille et douilles (deux lisses de différentes tailles et au moins une cannelée), rouleau à pâtisserie et thermomètre.

- Une plaque à pâtisserie, perforée ou non, pour cuire vos préparations bien à plat (notamment pour les macarons qui ont tendance à se déformer avant cuisson s'ils ne sont pas couchés sur une surface bien plane).

- Un tapis de cuisson en silicone de type Silpat® pour éviter l'utilisation abusive de papier sulfurisé.

- Des aides culinaires : colorants en poudre et en gel, décorations en sucre pour rendre vos gâteaux uniques.

REMERCIEMENTS

Merci à Virginie pour son amour sans faille pour le chocolat, pour son talent de photographe et notre douce amitié.
Merci à Blandine pour la transmission de son savoir, pour ses inépuisables conversations sur la bonne bouffe et pour le gentil prêt de ses moules à cannelés et autres.
Merci à mes amis, à mes cousins et à mes sœurs pour leur enthousiasme toujours aussi plaisant lorsque j'apporte le dessert !
Merci à maman pour m'avoir donné goût à la cuisine maison et à papa pour son avis toujours tranché sur le contenu de son assiette. Qu'on se le dise, je préfère quand tu réclames une deuxième tournée !
Merci à mon Italien préféré, celui qui ne cesse de répéter que les desserts ne sont pas vraiment son dada... mais qui est souvent le premier à engloutir sa part !
Et enfin, merci à tous ceux qui nous ont aidé à dévorer tous les gâteaux réalisés pour les photos.

REMERCIEMENTS SHOPPING

Un grand merci à Merci, Mud Australia, Jars, Caravane, Le Bon Marché, Seletti, House Doctor, Hay, Fleux, BHV et The Coran Shop.

www.mangoeditions.com

Direction éditoriale : Anne La Fay
Édition : Adèle Vay
Direction de création : Laurent Quellet
Direction artistique : Allan Aubry
Maquette : Julie Mathieu
Fabrication : Thierry Dubus et Marie Guibert
Relecture : Armelle et Bernard Heron

N° d'édition : M14062
ISBN : 9782317008306
Code MDS : 76353
Photogravure : Amalthéa
Achevé d'imprimer en mars 2014
par DZS - Slovénie
Dépôt légal : avril 2014
Édition N°1

DANS LA MÊME COLLECTION

TABLEAUX D'ÉQUIVALENCES

MESURES LIQUIDES

Système métrique	Système américain	Autre nom
5 ml	1 cuillère à thé (cuillère à café française)	
15 ml	1 cuillère à table (cuillère à soupe française)	
35 ml	1/8 cup (tasse française)	1 oz (ou once)
65 ml	1/4 cup ou 1/4 grand verre	2 oz
125 ml	1/2 cup ou 1/2 grand verre	4 oz
250 ml	1 cup ou 1 grand verre	8 oz
500 ml	2 cups ou 1 pinte	
1 litre	4 cups ou 2 pintes	

MESURES SOLIDES

Système métrique	Système américain	Autre nom
30 g	1/8 oz	
55 g	1/8 lbs	2 oz
115 g	1/4 lbs	4 oz
170 g	3/8 lbs	6 oz
225 g	1/2 lbs	8 oz
454 g	1 livre	16 oz

CHALEUR DU FOUR

Chaleur	° Celsius	Thermostat	° Fahrenheit
Très doux	70 °C	Th. 2-3	150 °F
Doux	100 °C	Th. 3-4	200 °F
	120 °C	Th. 4	250 °F
Moyen	150 °C	Th. 5	300 °F
	180 °C	Th. 6	350 °F
Chaud	200 °C	Th. 6-7	400 °F
	230 °C	Th. -7-8	450 °F
Très chaud	260 °C	Th. 8-9	500 °F